大学生职业生涯规划实训指导

主　编　张雪霞　李亚利
副主编　王君涛　薛　飘
　　　　何文举

北京理工大学出版社
BEIJING INSTITUTE OF TECHNOLOGY PRESS

内 容 简 介

本书通过介绍探索自我、探索工作世界、了解科学决策方法的思想、思路和技巧，帮助大学生进行清晰、科学、客观地自我探索。在了解自我和外部环境的基础上做出理性的决策，明确自己的人生方向和职业理想。并引导学生用科学的方法集中智慧和力量，动员和挖掘潜能，通过学习、实践增长技能，积累职业素养，为将来走向社会、立足职场做好准备。

本书在理论阐述的基础上加入了大量的案例解析和课堂活动，适用于讲练结合的课堂教学模式，可作为高等教育、高等职业教育教材和通识课教材，也可作为用来解决职业生涯困惑的通俗读物。

版权专有　侵权必究

图书在版编目（CIP）数据

大学生职业生涯规划实训指导 / 张雪霞，李亚利主编 . — 北京：北京理工大学出版社，2020.12
　ISBN 978-7-5682-9334-1

　Ⅰ.①大… Ⅱ.①张…②李… Ⅲ.①大学生—职业选择 Ⅳ.① G647.38

中国版本图书馆 CIP 数据核字（2020）第 252187 号

出版发行 / 北京理工大学出版社有限责任公司
社　　址 / 北京市海淀区中关村南大街 5 号
邮　　编 / 100081
电　　话 /（010）68914775（总编室）
　　　　　（010）82562903（教材售后服务热线）
　　　　　（010）68948351（其他图书服务热线）
网　　址 / http://www.bitpress.com.cn
经　　销 / 全国各地新华书店
印　　刷 / 唐山富达印务有限公司
开　　本 / 787 毫米 ×1092 毫米　1/16
印　　张 / 9.5　　　　　　　　　　　　　　　责任编辑 / 高　芳
字　　数 / 220 千字　　　　　　　　　　　　　文案编辑 / 赵　轩
版　　次 / 2020 年 12 月第 1 版　2020 年 12 月第 1 次印刷　责任校对 / 刘亚男
定　　价 / 35.00 元　　　　　　　　　　　　　责任印制 / 李志强

图书出现印装质量问题，请拨打售后服务热线，本社负责调换

前　言

渴望成功是每个人的天性，而成功的人生离不开成功的职业生涯。

职业生涯是伴随一个人一生的过程，这个过程不仅包含了为职业选择所做的一切准备，还包含了对自己职业生涯的管理。

决定个人职业生涯发展的因素有很多，在本教材中，我们重点介绍在大学阶段如何为职业生涯规划做准备，核心是让大学生了解自己、了解工作世界、掌握科学决策方法的思想和技巧。

通过七章内容的学习，编者希望达到以下目的。

第一，启发学生思考自己的人生目标。一个人的人生目标如果明确了，就可以集中自己所有的智慧和力量，挖掘自己的潜能并奋力前行。

许多大学生进入大学后会疑问：我们努力学习到底为了什么？我想要的是什么？我应该追求什么？这些疑问不解决，学生们的努力不会持续太久。本书将引导学生探索自己的人生目标，以便在快速变化的世界里积极应对困难、障碍和挫折，坚定自己的信念，为实现人生目标而奋斗。

第二，启发学生认识自己的优势。一个人通过自己的人生经历，探索自己的性格特征、职业兴趣、自己具备或期望具备的能力、自己在职业生涯中最看重的东西。只有清楚地认识自己，才能从众多的职业中选择出最适合自己的职业。

了解自己的优势之后会使自己的人生目标更符合实际，用自己的确定性应对外部世界的不确定性。

第三，启发学生了解自己终将要进入的工作世界。时代飞速发展、科学技术日新月异，职业的名称特别是职业的内涵也发生着变化。实际上，同一职业名称在不同的行业、不同的单位，其内涵也是不同的。

知道了自己将要进入的工作世界的样子，就能增加迈出学校大门的勇气和胆量。

第四，启发学生理性地进行职业抉择。理性抉择需要科学的方法，而科学的方法需要有理性的人去使用。

综上所述，大学生职业生涯规划实训指导课程并不是单纯的理论课，而是理论和实践相结合的课程。

编写本教材的指导思想：不仅满足课堂教学需要，还要满足课堂之外学习和实践的需要。

本教材有以下四个特点。

第一，用理论作指导。本教材较全面地介绍了职业生涯规划理论知识，具备理论的完整性。

第二，强调实用性。本教材在知识点和案例后设置有思考题，强化理论知识，突出学生的自我思考和探索。

第三，突出榜样作用。本教材选用了与学生职业生涯规划相关的案例，希望学生从中获取成长的经验和启示。

第四，课堂与课后结合。教材的思考和探索、生涯人物访谈、推荐活动、推荐阅读、推荐测评等为学生在课后进行实践探索提供了帮助。

本书编者的分工：张雪霞、李亚利任主编，负责统稿工作；王君涛编写第一章；薛飘编写第二章和第三章；李亚利编写第四章和第六章；何文举编写第五章和第七章。同时，感谢王乐、杨帆对本教材编写工作的大力支持。

在编写过程中，我们学习和参考了很多资料，在此致以深深的谢意。

由于编者水平有限，书中难免会存在疏漏和偏差，恳请大家不吝赐教，批评指正。

编 者

2019 年 6 月于西安

目 录

第一章 生涯唤醒 ··· 1
  第一节 职业生涯规划意识的建立 ··· 4
  第二节 职业生涯规划的基本理论 ··· 12
  第三节 职业生涯规划的内容和步骤 ·· 16

第二章 性格探索 ··· 22
  第一节 性格与职业的关系 ··· 23
  第二节 MBTI 性格理论 ·· 26
  第三节 探索自己性格适合的职业 ··· 32

第三章 兴趣探索 ··· 37
  第一节 兴趣与职业的关系 ··· 38
  第二节 霍兰德职业兴趣理论 ·· 41
  第三节 探索自己感兴趣的职业 ·· 45

第四章 技能探索 ··· 49
  第一节 用人单位看重什么能力 ·· 49
  第二节 能力与职业的关系 ··· 51
  第三节 探索能力的思路和方法 ·· 54

第五章 价值观探索 ·· 61
  第一节 价值观相关概述 ·· 62

第二节　职业价值观概述 …………………………………………… 65
　　第三节　寻找自己的职业价值观 …………………………………… 67

第六章　工作世界探索 …………………………………………………… 75
　　第一节　工作世界认知 ……………………………………………… 76
　　第二节　探索工作世界的方法和途径 ……………………………… 77
　　第三节　宏观工作世界现状及微观工作世界信息 ………………… 79

第七章　职业决策风格探索 ……………………………………………… 85
　　第一节　决策分类与风格 …………………………………………… 86
　　第二节　职业决策中的挑战 ………………………………………… 91
　　第三节　应对职业决策挑战的方法 ………………………………… 92

附　录 ……………………………………………………………………… 102
　　附录 1 ………………………………………………………………… 102
　　附录 2 ………………………………………………………………… 113
　　附录 3 ………………………………………………………………… 117
　　附录 4 ………………………………………………………………… 121

参考文献 ………………………………………………………………… 143

第一章 生涯唤醒

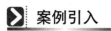 **案例引入**

四只毛毛虫的故事

毛毛虫都喜欢吃苹果。有四只要好的毛毛虫，都长大了，各自去森林里找苹果吃。但是四只毛毛虫对自己以后的"虫"生目标认知各不相同。

第一只毛毛虫：**不知道自己不知道**。

第一只毛毛虫非常努力地找着，突然前面出现了一棵苹果树。但它并不知道这是苹果树，更不清楚上面有可口的红苹果。当它看到其他毛毛虫往上爬时，就稀里糊涂地跟着往上爬。没有目的，不知终点，更不知自己到底想要哪一个苹果，也没想过怎么样去摘苹果。它最后的结局呢？也许找到了一个大苹果，幸福地生活着；也许在树叶中迷了路，过着悲惨的生活。不过可以确定的是，大部分的毛毛虫都是这样活着的。

第二只毛毛虫：**知道自己不知道**。

第二只毛毛虫很清楚自己的"虫"生目标是一个大苹果，看见苹果树就努力地向上爬，但是它不知道大苹果会长在树的什么地方。它猜想：大树枝才能承受大苹果！于是它就慢慢地往上爬，遇到分支的时候，就选择较粗的树枝继续爬。它按这个标准一直往上爬，最后一个苹果出现在它的面前。这只毛毛虫刚要扑上去大吃一顿，但是放眼一看，它发现这个苹果是全树上最小的一个，上面还有许多更大的苹果。它十分后悔，如果上一次选择另一个分支，它就会有一个更大的苹果。

第三只毛毛虫：**不知道自己知道**。

第三只毛毛虫也很清楚自己要一个大苹果，就研制了一副望远镜，并用望远镜搜寻了一番后才开始朝着最大的那个苹果前进。同时，它发现当从下往上找路时，会遇到很多分支，有各种不同的爬法；但若从上往下找路时，却只有一种爬法。它很细心地从苹果的位置由上往下推算目前所处的位置，记下确定的路径。于是，它开始往上爬了，当遇到分支时，它一点也不慌张，因为它知道该往哪条路走，而不必跟一大堆虫子去挤。按理说它已经有了一个计划,最后会得到那个大苹果,可是真实的情况却是,由于这只毛毛虫爬行速度缓慢,当它抵达时,苹果不是被别的虫捷足先登,就是早已熟透而烂掉了。

第四只毛毛虫:知道自己知道

第四只毛毛虫先给自己做了一个计划,清楚自己想要什么样的苹果,也清楚苹果的生长情况。因此当它拿着望远镜观察时,它的目标并不是一颗大苹果,而是一朵含苞待放的苹果花。它计算着自己的行程,估计当它到达的时候,这朵花正好长成一个成熟的大苹果。结果可想而知,那个又大又甜的苹果归它所有了。

(资料来源《儿童大世界》2014年第9期)

请思考:

从四只毛毛虫的故事中你得到了哪些启示?

_____
_____
_____
_____
_____
_____

《礼记·中庸》中有云:"凡事豫(预)则立,不豫(预)则废",也就是说做任何事情都要有充分的计划与准备,否则难以获得良好的效果。对于大学生来说,如何度过自己宝贵的四年时光,有计划、有目标地提升自己的综合素质和能力,在激烈的职场竞争中占有一席之地具有非常重要的意义,而大学生职业生涯规划实训指导课程为我们提供了探索自己人生目标路径的思路、方法和技巧。

目前,很多大学毕业生站在职业选择的十字路口茫然无措,不知该何去何从。最主要的原因,就是他们在大学期间缺乏对未来生活和职业目标的远景规划与相应准备。

面对严峻的就业压力,如果大学生们希望在毕业时有一个良好的选择,在未来职业生涯中充分体现自我价值,就应该利用好大学这个平台,尽早地进行职业生涯规划的基础性准备——学涯规划,规划好大学的学习、生活和工作,避免盲目或被动的学习;同时,结合自己的实际特点,确定职业发展方向和实施策略,避免在今后的人生发展道路中走弯路。总之,职业生涯规划是大学生最先行、最基础的一项工作,也是大学生实现职业理想和职业目标的关键一环。

无论是中国古代历史故事还是西方励志故事,不乏通过职业规划、树立目标来帮助个人成才的案例。请阅读下面两个案例,感受职业规划的力量,并完成后面的思考。

案例 1-1

我也要像他那样

秦朝时候,有一个叫刘季的人在咸阳服劳役。他看到秦始皇浩浩荡荡的出游队伍,长叹一声道:"嗟乎,大丈夫生当如此也!"

十年后,他开创了一个立国四百余年的朝代——汉朝。他就是汉朝的开国皇帝,汉民族和汉文化的伟大开拓者之一、中国历史上杰出的政治家、卓越的战略家和指挥家——刘邦,史称汉高祖。

刘季,也就是刘邦。

(资料来源:《史记·项羽本纪》)

案例 1-2

盲人内阁大臣

五十年前,在遥远的英伦三岛,有一位叫布罗迪的幼儿园老师突发奇想,让他所教幼儿园的31位学生写一篇作文,题目叫:未来我_____。

孩子们对自己未来的设想千奇百怪。比如:有个叫彼得的小家伙认为未来他是海军大臣,因为有一次他在海中游泳,喝了3升海水都没有被淹死;还有一个说,自己将来必定是法国总统,因为他能背出25个法国城市的名字,而同班的其他同学最多只能背出7个;最让人称奇的是一个叫戴维的小盲童,他认为,将来他必定是英国的一个内阁大臣,因为在英国还没有一个盲人进入过内阁。31个孩子都在作文中描述了自己的未来,有当驯狗师的、有当领航员的、有当王妃的。

五十多年过去了,一直保存着这些作文本的布罗迪老师决定把这些本子重新发到同学们手中,让他们看看现在的自己是否实现了五十年前的梦想。

当地一家报社得知他的想法后,为他刊登了一则启事。没过几天,书信像雪花般向布罗迪飞来。

在这些信中,有一封内阁教育大臣布伦克特的信,他在信中说,那个叫戴维的人就是他,感谢老师还保存着孩子们儿时的梦想。不过他现在已经不需要那个本子了,因为从那时起,他的梦想就一直在他的脑海里。

(资料来源:百度文库)

请思考:

通过阅读以上故事,你得到了什么启发?

_____

_____

_____

第一节　职业生涯规划意识的建立

一、大学：人生的关键

1. 大学阶段的重要性

大学，历来都被看作是知识的殿堂，是文明和文化聚集的摇篮，是受人尊敬和敬仰的地方；大学，既是学生一生中提升自学方法、培养独立思考能力和分析问题、解决问题能力的关键阶段，也是为职业生涯奠定基础、创造条件的重要阶段。

因此，每个大学生从入学的第一天起，就应当对大学四年有一个具体的规划。为了在学习中享受到最大的快乐，为了在毕业时找到自己最喜爱的工作，每一个刚进入大学校园的人都应当努力学习七项内容：**自修之道、基础知识、实践贯通、兴趣培养、积极主动、掌控时间、为人处世**。

之所以说大学是人生的关键阶段，是因为大家要经历三个第一次和三个最后一次。

进入大学时你终于放下高考的重担，第一次开始追逐自己的理想、兴趣；这是你离开家庭生活，第一次独立参与团体和社会生活；第一次不再由父母、老师安排生活和学习，有足够的自由去处理生活和学习中遇到的各类问题，支配自己的时间。这也可能是你一生中最后一次系统性地接受教育；可能是你最后一次能够夯实你的知识基础；也可能是你最后一次能在相对宽容的环境中学习为人处世之道。

你的大学生活可能是这样的：

> 大学是美丽的，也是酸涩的；
> 大学是短暂的，也是永恒的。
> 在这里，我们中流击楫，气指山河；
> 在这里，我们凌云一曲，极目日月。
> 这里有许多"此情可待成追忆，只是当时已惘然"；
> 也有许多的"当时只道是寻常，忆来桩桩扣心弦"。
> 大学四年，我们在学习、生活的点滴间品尝人生百味；
> 大学四年，我们在职业规划的漫漫长路上放歌青春。
> 大学四年，我们应该想些什么、学些什么、做些什么；
> 大学四年，我们又能想到什么、学到什么、做到什么。
> 大学四年，我们携手穿越，我们共同成长，
> 留下人生职业发展的历史印证。

（资料来源：文档网）

在这个关键阶段，大学生应当认真把握每一个"第一次"，让它们成为未来人生道路

的基石；在这个关键阶段，大学生也要珍惜每一个"最后一次"，不要让自己在将来追悔莫及。在大学四年里，大家应该努力为自己编织生活梦想，明确奋斗方向，使自己成为一个有潜力、有思想、有价值、有前途的毕业生，让大学所有的经历都成为自己人生的宝贵财富，为未来事业奠定基础。

请思考：

你对大学生活有哪些认识？

_____

_____

_____

你为什么来上大学？

_____

_____

_____

大学与中学有什么样的区别？中学时你有哪些好的方面值得保持？

_____

_____

_____

_____

2. 大学阶段的职业准备

大学是每个大学生走向职场的准备阶段，无论你是否意识到这一点，当你踏上职场时就会知道在大学阶段进行职业准备有多么的重要。四年的大学生活，从知识技能的储备到心理素质的锻炼，从自我管理技能的训练到可迁移技能的积累，都在获取职业素养并为走向职场做充分的准备，其具体如下。

（1）构建合理的知识架构体系。

随着社会经济和科学技术的快速发展，各行各业对人才的知识技能提出了更高的要求，不仅要有扎实的基础知识，更要有精湛的专业知识，并能够熟练地运用知识技能。

具备扎实的基础知识。基础知识包括自然、人文和社会科学知识。它是建立合理的知识框架的基础，也是构建新知识的基础。大学生应掌握的基础知识主要包括两大类：一类是社会所需求的基础知识，如语文、数学、英语等，这些基础知识帮助我们理解事物，构建和谐的社会和人际关系，树立正确的人生观、价值观和世界观；二是专业基础理论知识，如经济管理类，无论是会计学专业还是金融学专业，都要进行经济学、统计学、管理学等基础理论知识的积累。

具备精湛的专业知识。专业知识是立业之本，是构建合理的知识结构的核心部分，是解决专业问题的基础。从个人职业发展角度来讲，专业知识掌握的越扎实，自我建立的专业性壁垒越强，个人的不可替代性越强，更有利于个人职业稳定性和职业成就感的建立；从学科发展角度来讲，专业是学科赖以生存和发展的基础。

熟练地应用知识技能。应用知识技能是从低阶思维跨向高阶思维必须要完成的认知活动，而高阶思维是高阶能力的核心，主要是指创新能力、问题求解能力、决策力和批判性思维能力。高阶思维能力集中体现了知识时代对人才素质提出的新要求，是适应知识时代发展的关键能力。

（2）必备基本的职业道德素质。

职业道德是人的立业之本。多数企业在选拔人才时，职业道德素养往往会成为筛选人才的首要标准。职业道德对个人而言，关系到个人的职业满意度和职业稳定性，对企业而言，直接影响着企业的持续发展。

职业不同，职业道德规范也就不同，即使是同一职业，职业道德规范也不尽相同。但各种职业道德规范共同的基本要求和规范，它是一个职业人应该具备的最基本的职业道德素养，如敬业、诚信、负责任、有担当、能奉献等。

（3）职业技能准备。

个人要胜任职业岗位，必须具备一定的技能，这些技能不仅包括知识技能和职业道德素养，还应该掌握一定的可迁移技能，如组织、管理、沟通、协调、表达等能力。

3.职业资格证书准备

在大学期间，除了学好学校的规定课程以外，还要积极考取相应的职业资格证书，以达到从业和执业的要求。

（1）职业资格。

职业资格是指对准备从事某一职业的劳动者必备的学识、技术和能力的基本要求。职业资格包括从业资格和执业资格。

从业资格是指从事某一专业（工种）学识、技术和能力的起点标准。执业资格是指政府对某些责任较大，社会通用性强，关系公共利益的专业（工种）实行的准入控制，是依法独立开业或从事某一特定专业（工种）学识、技术和能力的必备标准。目前，我国已对一百多个职业做出了从业资格标准，颁布了相应的职业标准，部分职业已经有了执业资格标准。

（2）职业资格证书。

职业资格由国务院劳动、人事行政部门通过学历认定、资格考试、专家评定、职业技能鉴定等方式进行评价，对合格者授予国家职业资格证书。从业资格通过学历认定或考试取得。执业资格通过考试方法取得。

目前，我国部分专业已经建立了执业资格认定制度并对考核合格者颁发证书，其中实行考试制度的包括医师药师、中药师、教师、统计员、法律顾问等；需要持证者注册的包括注册会计师、注册建筑师、注册律师等。

二、职业理想探索

什么是理想？简言之，理想就是自己的人生目标，给自己的未来一个明确的希望，给自己的生活一个方向。

什么是职业理想？就是在职业道路上我们所追求的职业目标，是理想在职业生涯中的具体体现，也是我们对未来职业的想象和设计，对未来要进入的具体行业和工作岗位的向往和追求。

理想和职业理想都需要时间的检验。请阅读下面的两个案例，并完成后面的思考。

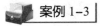 案例 1-3

成功的人生源自成功的职业生涯规划

黄先生出生在一个贫困山区。小时候他个子比较矮，在同龄人中很不起眼。他父亲是乡村小学教师，母亲在家务农，他还有一个患病的弟弟，家里的日子过得非常艰难。高中时，他的数理化成绩都不是很理想，如果高考报理工类专业，基本没有上大学的希望。好在他的英语成绩不错，所以报考了文科，希望能够扬长避短，考上大学，改变命运。经过不懈的努力，他终于以全县文科第一名的成绩考上了一所大学的外语系。

进入大学之后，他制订了第一个职业目标：毕业后留在学校当老师。因为那个时候的毕业生是分配工作，如果不留在学校，就意味着要回到家乡工作，而他的家乡没有他喜欢和适合的工作。

为了实现留校任教的目标，他刻苦学习，苦练英语口语。刚开始时，他找班上英语最好的同学对话练习。一个多月后，那位同学已经跟不上他了，他就自己对着墙练习。

经过四年的刻苦努力，他终于以全年级第一名的成绩留校任教，从事大学公共英语课程的教学工作，实现了自己进入大学时制订的第一个职业目标。

工作了一段时间以后，他又给自己制订了第二个职业目标：自学一门新专业，考取硕士研究生。

学什么呢？他认真分析了国家宏观环境和发展趋势，并进行了自我分析，决定自学法律专业。两年以后，他考取了中国政法大学民商法专业的硕士研究生，在职脱产学习，毕业后回原单位工作。

回单位工作的当年，他参加了全省的专业组英语竞赛，获得了第一名，被当地一个劳务输出公司看重，聘请他为随队翻译并被派往非洲。他在单位办理了停薪留职手续。劳务输出公司第一次与他签订合同时，只签了一年。到非洲工作后，公司发现他不仅英语说得好，还懂法律，为公司挽回了重大损失，公司又和他续约了三年。

在非洲工作期间，他结识了很多酋长的子女，这些人大多在英美国家接受过法律方面的教育，熟悉英美国家的法律理论和制度。黄先生经常与他们讨论的法律问题，并逐渐与他们成了朋友。

他负责办理的几个涉外经济的案子都胜诉了。渐渐地，他发现自己有很强的处理涉外经济方面法律问题的能力。

于是，他又有了第三个职业目标：从事涉外法律工作，成为一名职业律师。

和公司的三年签约期满后，他做出了一个大胆的决定：从高校辞职，到沿海城市做了一名职业律师，同时组建了自己的小家庭。

又过了五年，他被一家猎头公司看中，去了一家外资公司做法律顾问，收入颇丰。

随后不久，他开办了自己的企业。在接近40岁时，达到了个人职业发展的巅峰。

他摆脱了贫困，并把父母与弟弟接来一起住，实现了个人与家庭的和谐发展。

案例1-4

有梦想就有明天

有一对兄弟，他们住在80层楼上。有一天他们外出旅行回家，发现大楼停电了。虽然他们背着大包的行李，但看来没有什么别的选择。于是，他们背着两大包行李开始爬楼梯。

爬到20楼的时候他们开始累了，哥哥说"行李太重了，不如这样吧，我们把行李放在这里，等来电后坐电梯来拿。"于是，他们把行李放在了20楼，继续向上爬。

到了40楼，两人实在累了。想到还只爬了一半，两人开始互相埋怨，指责对方不注意大楼的停电公告，才会落得如此下场。他们边吵边爬，到了60楼，他们累得连吵架的力气也没有了。于是，他们默默地继续爬楼，终于爬到了80楼！兴奋地来到家门口的兄弟俩才发现：钥匙留在了20楼的包里。

有人说，这个故事其实就是我们的人生。20岁之前，我们活在家人、老师的期望之下，背负着很大的压力、包袱，自己也不够成熟、能力不足，因此步履难免不稳。20岁之后，离开了众人的压力，卸下了包袱，开始全力以赴地追求自己的梦想，就这样愉快地过了20年。可是到了40岁，发现青春已逝，不免产生许多的遗憾和追悔，于是开始遗憾这个、抱怨那个，就这样又度过了20年。到了60岁，发现人生已所剩不多，于是告诉自己不要再抱怨了，就珍惜剩下的日子吧！于是默默地走完了自己的余生。到了生命的尽头，才想起自己好像有什么事情没有完成。原来，我们把所有的梦想都留在了20岁的青春岁月里了。

（资料来源：百度文库）

请思考：

（1）通过阅读以上两个案例，你能得到什么启示？

_____

_____

_____

（2）在幼儿园的时候，你的理想是什么？

_____

（3）在天真烂漫的小学，你的理想是什么？
_____

（4）在初中的花季雨季里，你的理想是什么？
_____

（5）在高中的奋进岁月里，你的理想是什么？
_____

（6）进入人生最美好的大学阶段，你的理想又是什么？
_____

三、职业生涯规划的意义

职业生涯规划的意义是使人明确自己的人生目标，在目标的引领下积极付诸行动，实现"突破障碍（内在障碍：恐惧不安、缺乏信心、缺少自觉、自视甚低、态度消极、缺少技能；外在障碍：政局不安、市场趋势不明、经济衰退、社会紊乱、刻板印象、体能要求）、开发潜能（自我觉知、积极进取、建立自信、培养实力、增强勇气、沟通技巧）、自我实现（以己为荣、圆融、丰足、喜悦、智慧、创造力）"的职业生涯规划，从而寻找适合自身发展需要的职业，实现个体与职业的匹配，体现个体价值的最大化。一个看得见摸得着的目标，才能成为一个有效的目标，才会形成动力，帮助人们获得自己想要的结果。

1. 突破障碍，开发潜能

突破障碍主要是突破内在和外在障碍。内在障碍一般是由于个人对自己不了解、不自信、自我效能感较低或者没有安全感导致的。在生涯规划的过程我们通过不断地进行自我探索，清晰地认清楚自己的性格特点、优势劣势、兴趣类型、技能情况等自身特点，帮助自我客观清晰地认识自己，树立自信，克服内在障碍，培养实力，开发潜能。

2. 有针对性地提高知识，积累经验

有针对性地提高知识和积累经验。清晰地认识自我和未来职业，可以帮助大学生有针对性地学习知识、锻炼能力、提升个人素养，从而积累人生发展的必备资源，如健康的身体、优良的思想道德品质、合理的知识结构、良好的社会适应能力、和谐的人际关系等。

3. 有助合理安排大学生活，抓住工作的重点

没有清晰的目标和规划，面对繁杂的事务，大学生很容易迷失方向，职业生涯规划有助于帮助我们更合理地安排日常工作，评价工作的轻重缓急，紧紧抓住工作的重点，为工作的需要创造最有利的条件从而取得成功。

4. 帮助大学生实现自我职业理想

职业生涯规划如一张生命蓝图，它引导你一步步实现自己的职业理想。明确的职业生涯规划，是将理想变成现实的阶梯，只要肯攀登，职业理想必将实现。一份正确的职业生涯规划，有利于大学生确定人生的奋斗目标，在职业选择中少一点挫折，多一点成功，更快、更好地实现职业理想。

请阅读下面的两个案例，了解他们的人生经历如何诠释职业生涯规划对个人成长的意义，并完成后面的思考。

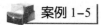 案例1-5

歼20战机的天才总设计师——杨伟

1978年，15岁的杨伟以优异的成绩被西北工业大学破格录取，从此与航空结下不解之缘；22岁研究生毕业，他毅然走进中航工业成都飞机设计研究所，正式开启逐梦蓝天的航程。

1985年秋天，杨伟被分到为研制我国第三代歼击机而专门组建的研究室，这个研究室的任务很明确：突破第三代战斗机关键技术之一——先进的数字式电传飞控系统。

3个月后，研究所成立一个4人研究小组，确定飞行控制系统的结构，这当时在国内是一个空白。杨伟被提拔为组长。一个才来研究所5个月的研究生，就这样开始独当一面。

杨伟曾身兼两个飞机型号的总设计师，歼10双座型飞机总设计师、中国和巴基斯坦双方共同投资开发的"枭龙"飞机总设计师。

一个是急需装备部队的型号任务，军令如山、后墙不倒；一个是国际合作项目，市场牵引、信誉至上。两个型号的研制节点几乎重叠，都必须在较短时间内实现首飞。

杨伟带领团队迎难而上，两个研制任务齐头并进。

歼10双座飞机，在短短9个月内跨越了方案设计、初步设计和详细设计3个阶段，如期成功实现首飞，并于两年后设计定型，这是我国少有的"不拖进度、不降指标、不涨经费"的及时装备部队的大型军机项目。

"枭龙"飞机，从冻结技术状态到实现首飞仅仅历时23个月，创造了我国飞机研制历史上的奇迹。

在杨伟闪耀智慧光芒、一语中的指出问题症结、高屋建瓴提出解决方案的背后，是他经年累月的刻苦钻研和潜心积淀。台上一分钟，台下十年功，夜深人静时，杨伟办公室的灯总是亮到很晚。他废寝忘食、争分夺秒地畅游在海量的图纸、程序、试验、报告、方案和资料里，如痴如醉，乐此不疲。

作为总设计师，杨伟一方面要着眼于大方向，另一方面要着手于落实。在把握大方向的同时，尽可能地了解每个逻辑、每个零件。创新要从基础开始。

飞机设计是跨学科的系统工程，要把上百个专业吃透谈何容易。杨伟一直凭着自己的勤奋和坚持，像海绵吸水一样不断地学习，为准确把握方向、科学做出决策筑就牢固的基石。

（资料来源：中国新闻网《一线故事：航空少帅》节选）

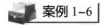 案例1-6

小李的遗憾

小李所在的班级一共有35名同学,在毕业的时候,有9名同学参加了研究生入学考试,并拿到了研究生录取通知书,有3名同学提交了国外研究生入学申请,顺利地拿到了录取通知书,有2名同学考取了公务员,有3名同学进入了事业单位,有2名同学进入了国企,14名同学找到了自己心仪的企业,有1名同学选择了创业。小李看着同学们高高兴兴地离开学校,奔赴自己人生的新起点,只剩下自己还不知所向。

问题出在哪儿呢？小李苦苦思索,回想自己四年的大学生活,一点点如电影般浮现在眼前：上的学校不是自己期望中的学校；总抱怨学校这不如意那不顺心；幻想着凭借自己的聪明将来找份比较理想的工作；必修课翘课,即使人在课堂也没有好好听课；选修课几乎没有学过；游戏倒是玩了不少但只是消遣而已……

小李的大学四年只收获了教训：既没有努力学习练就一身本领,也没有参加各种活动提升能力,更未能为将来好好打算,只能带着遗憾离开校园。

请思考：
你的人生目标是什么？可以尝试的实践有哪些？

_____

_____

_____

职业生涯规划可以帮助我们明确人生目标,有了明确的目标人们将更愿意集中精力去实现它。在实现目标的过程中,不断地探索自我,突破障碍,激发潜能,促进个人成长。

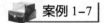 案例1-7

游泳的故事

费罗伦斯·查德威克（Florence Cnanwick）是世界著名的游泳健将,她一生参加过无数次渡海游泳,她是世界上第一个游过英吉利海峡的女性。

1952年7月4日,她向一个新的纪录发起挑战。她打算游过美国加利福尼亚州和卡塔琳娜岛之间21英里的卡塔琳娜海峡。如果她成功了,她将是世界上第一个游过这一海峡的女性。

那天早晨,雾很大,她几乎看不到护送她的船。时间一个小时一个小时的过去,千千万万的人在电视上看着她。有几次,鲨鱼靠近了她,被人开枪吓跑了,她仍然在游着。

15个小时之后,她又累又冷。她知道自己不能再游了,就叫人拉她上船。她的母亲和教练在另一条船上。他们都告诉她离海岸很近了,叫她不要放弃。

她朝加州海岸望去，除了浓雾什么也看不到。

几十分钟后——从她出发算起是 15 个小时 55 分钟之后——人们把她拉上船。又过了几个小时，她渐渐暖和过来，这时却感觉到失败的打击。

她不假思索地对记者说："说实在的，我不是为自己找借口。如果当时我能看到陆地，也许我能坚持下来。"

人们拉她上船的地点，距离加州海岸只有八百米。

（资料来源：《基础教育》2007 年第 5 期）

第二节　职业生涯规划的基本理论

一、职业生涯规划基本概念

1. 职业

从社会学和经济学的角度来认识，职业是指人们在社会分工中所从事的、具有专门技能的、以获得物质报酬作为自己主要生活来源并能满足自己精神需求的工作。

2. 生涯

生涯是指生活里各种事态的演进方向和历程，它统合了人一生中的各种职业和生活角色，由此表现出个人独特的自我发展形态。

3. 职业生涯

职业生涯是指个体职业发展的历程，即一个人终生经历的所有职业的整个历程。

4. 职业生涯规划

职业生涯规划是指一个人结合自身条件和现实环境，确立自己的职业目标，选择职业道路，制订相应的培训、教育和工作计划，并按照生涯发展的阶段实现具体行动以达到目标的过程。

5. 职业锚

锚，是使船只停泊定位用的铁制器具。职业锚，实际就是人们选择和发展自己的职业时所围绕的中心，是指当一个人不得不做出选择的时候，他无论如何都不会放弃的职业中的至关重要的定位或价值观。

二、帕森斯的特质因素论

特质因素论也称为人职匹配理论，是美国"职业辅导之父"帕森斯（Parsons）在 1909 年提出的，是最早的职业选择理论。该理论强调个人与职业或环境的匹配，认为每个人都具有稳定的特质（即个人的人格特征，包括一个人的价值取向、态度和行为表现等特有的思想和行为模式），而职业也具有稳定的因素（即客观工作要求内必须具备的知识结构、能力等条件)。

特质因素论的核心是人与职业的匹配。一个人在选择职业的过程中,首先应当清楚地了解个人的主客观条件,即对自我的认知,如个人兴趣、能力、资源、局限和其他特征;与此同时,还应当了解职业世界,如各种职业岗位所需的技能要求、工作环境、薪酬福利、发展前景等;在掌握上述两类信息的基础上,将主客观条件与各种可能的职业岗位相对照,最后选择一个与个人特质相匹配的职业。

特质因素论认为,理想的职业是个体的特质与工作要求条件的相互匹配。帕森斯强调职业生涯决策的关键是要掌握有关个人及其各种选择的良好信息。个人如果缺乏对自己和职业或工作的信息或者不能将两者进行平衡就容易做出不适宜的职业选择。

特质因素论为人们进行职业选择提供了最基本的指导原则:人职匹配原则,即在职业选择时要首先了解自己的个性特征,其次要分析环境特点及各种职业对人的要求,最后要进行综合权衡,做出人职匹配的决策。个人特性与工作要求之间配合得越紧密,职业成功(工作效率和满意度)的可能性就越大。

请分析以下案例,从人职匹配角度进行分析,并完成后面的思考。

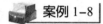
案例1-8

小蔡的故事

留学生小蔡在国外得到文学硕士文凭,结果没有找到工作。于是又读了一个人类社会学的博士学位,结果还是没有找到工作。33岁的他改学修车,最终找到了一个修车的工作。这位"学识渊博"的修理工说:"假如我早知道8年的学历不能使我谋生,那我还不如18岁时就去学修车,现在可能也发点小财了。"

请思考:

(1)拥有博士学位的小蔡为什么没有找到与学位相对应的职业?

_____

_____

_____

(2)如果小蔡本科刚刚毕业,你给他的建议是什么?

_____

_____

_____

（3）你从这个案例中得到了什么启发？

_____

_____

_____

_____

三、舒伯的职业生涯发展理论

世界职业规划与生涯教育领域最具权威性的人物——唐纳德·舒伯（Donald Super）指出，职业生涯是一个长期的发展的过程，在不同的人生阶段，有着不同的需求，在职业生涯发展的每个阶段，都有着不同的发展任务。例如，在大学阶段的任务就是探索自我和工作世界，检验理想的真实性，明确自己的职业锚。

1953年，舒伯根据自己"职业生涯发展形态研究"的结果，将人生职业生涯发展划分为成长、探索、建立、维持和衰退共五个阶段，如表1-1所示。

表1-1 舒伯的职业生涯发展阶段

阶段	年龄	阶段特点	发展的任务
成长阶段	0~14岁	认知阶段。开始发展自我概念，学会以不同的方式来表达自己的需要，经过对现实的不断尝试，修饰自己的角色	发展自我形象，对工作世界的正确态度，了解其意义
探索阶段	15~24岁	学习打基础的阶段。通过学校、社团、休闲活动等对自我能力、角色、职业进行探索，选择职业时有较大弹性	使职业偏好逐渐具体化、特定化，并实现职业偏好
建立阶段	25~44岁	选择、安置阶段。经上一阶段的尝试，不适者会谋求变迁或进行其他探索，能确定在整个事业生涯中属于自己的职位，并在31~40岁，开始考虑如何保住该职位并稳定下来	在不断挑战中稳定工作，学会合理均衡家庭和事业
维持阶段	45~64岁	升迁和专精阶段。个体仍希望继续维持属于他的工作职位，同时会面对新人员的挑战	维持既有成就与地位，并力争有所提升
衰退阶段	65岁以上	退休阶段。生理及心理机能日渐衰退，个体不得不面对现实，从积极参与到隐退	注重发展新的角色，学会适应退休生活，在精神上寻求新的满足点

舒伯根据一位来访者绘制了其职业生涯彩虹图，如图1-1所示。

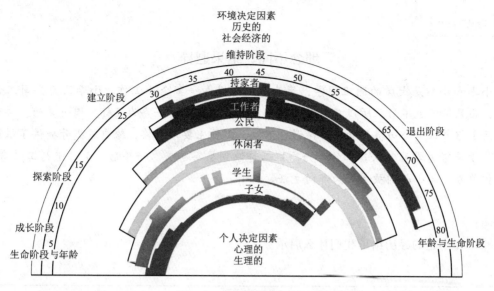

图 1-1 舒伯的职业生涯彩虹图

在舒伯的职业生涯彩虹图中，最外的层面代表横跨一生的"生活广度"，又称为"大周期"，包括成长期、探索期、建立期、维持期和衰退期。里面的各层面代表纵观上下的"生活空间"，由一组角色和职位组成，包括子女、学生、休闲者、公民、工作者、持家者等主要角色，阴暗部分的范围，长短不一，表示在该年龄阶段各种角色的分量；在同一年龄阶段可能同时扮演数种角色，因此彼此会有所重叠；但其所占比例分量则有所不同。

请思考：

（1）你希望活到多少岁？＿＿＿＿＿＿＿＿＿

（2）你准备多少岁参加工作？＿＿＿＿＿＿＿＿＿

（3）你计划多大年龄扮演爱人角色？＿＿＿＿＿＿＿＿＿

四、明尼苏达工作适应论

明尼苏达工作适应论是美国明尼苏达大学戴维斯（Dawis）与罗圭斯特（Lofquist）等人在20世纪60年代提出的。该理论认为，每个职业人都会努力寻求个人与环境之间的符合性，当工作环境能够满足个人的需求（个人适应了环境）时就达到了"内在满意"；当个人能满足工作的技能要求而顺利完成工作时就达到了"外在满意"。只有当个人与环境的关系比较协调时，个人在该工作领域才能持久发展。同时，个人与环境之间也存在互动关系，人与环境之间的关系协调与否是在互动过程中产生的结果，个人的需求会变，工作的要求也会随时间和任务的变化而变化，这就需要个人尽可能地维持与工作环境之间的协调，使自身的职业能够持久发展。

当个人的"内在满意"没有实现时，会出现什么结果？会对个人的职业发展造成什么影响？请阅读以下案例并完成后面的思考。

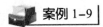

案例 1-9

理念不同，结果迥异

小李和小赵是大学的同班同学，毕业后同时进入一家企业工作。小李认为公司工作要求高，而且待遇也不好，所以工作起来马马虎虎，仅以完成任务为目标，周而复始，得过且过。而小赵却认为公司提供食宿，待遇也不错，工作上要求严格，给自我提升提供了很好的机会，于是努力学习，认真工作，力争把工作做到尽善尽美。一年后，单位进行工作考核，小李被解雇，而小赵则被晋升为部门主任。

请思考：
　　小李和小赵的经历给了我们什么启示？

_____

_____

_____

第三节　职业生涯规划的内容和步骤

一、我要去旅游

旅游，是行万里路的重要内容，不仅可以观美景、交朋友，还可以锻炼身体、磨炼意志，更重要的是一份理想可行的旅游计划中体现着智慧和坚持。请同学们参考中国或世界地图，为自己制订一个详细可行的旅游计划。

（1）你的旅游计划是什么？

_____

_____

_____

（2）你制订这个计划经过了哪些步骤？每一步考虑的因素是什么？

_____

_____

_____

（3）你将如何实施这个旅游计划？

_____

_____

_____

二、职业生涯规划的步骤与内容

制订职业生涯规划可以类比于制订旅游计划。

一个系统的职业生涯规划包括觉知与承诺、认识自我、认识工作世界、科学决策、执行规划和再评估/成长六个步骤，职业生涯规划的步骤与内容如图1-2所示。

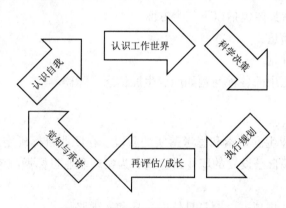

图1-2　职业生涯规划的步骤与内容

1. 觉知与承诺

在这个阶段，同学们要了解到职业生涯规划的重要性和作用，并愿意花时间来规划自己的职业生涯。但要提醒同学们的是职业生涯规划是一个过程，是一种面对未来职业生涯发展的态度，它未必能立竿见影，马上为自己带来理想的工作，就好像我们所播下的种子，未必能马上发芽一样。所以，对职业生涯规划要有合理的预期。

2. 认识自我

认识自我是职业生涯规划最基础的工作，它是指全面、深入、客观地分析和了解自我，主要是了解性格、兴趣、能力和价值观等与大学生本人相关的所有因素。系统化的生涯规划是一个"从内而外"的过程。因此，在职业生涯规划时，至少需要了解以下五个方面的内容。

（1）适合干什么——个人性格探索。

（2）喜欢干什么——职业兴趣探索。

（3）能够干什么——职业能力探索。

（4）最看重什么——职业价值观探索。

（5）其他方面如健康、性别、民族、政治面貌、家庭经济状况、教育背景、人脉圈等。

3. 认识工作世界

认识工作世界是职业生涯规划中最重要和最基础的部分。对工作世界的了解具体包括以下四个方面。

（1）专业与职业的关系。

（2）工作世界的宏观发展趋势和就业政策等。

（3）具体职业对工作人员的要求、条件和待遇等。

（4）继续教育方面的选择。

4. 科学决策

科学决策是综合整理和评估信息的部分，在决策时有可能因信息不全面而重新回到前面两个步骤。科学决策具体包括以下三个方面。

（1）综合预评估信息。

（2）目标设立与计划。

（3）处理决策过程中的各种问题如职业生涯信念、障碍等。

5. 执行规划

行动是对全部职业生涯探索和思考落实的阶段。在职业目标确定后，行动便成了关键。我们要通过行动来实现自己设立的职业目标或者为实现职业目标做准备。执行规划通常包括如下三个方面。

（1）制作职业生涯规划书，制订具体的目标和实现路径。

（2）做好求职前的准备，包括心理与思想、学习能力、就业能力的准备。

（3）搜集招聘信息、参加招聘会、投递简历、参加笔试面试等。

6. 再评估／成长

一切事物都处在变化之中，由于影响职业生涯规划与发展的因素较多。在职业生涯执行过程中，有可能发现过去的规划已不适合自己，也有可能发现过去的规划并不如人意。这就需要再次进行职业生涯探索，修正职业生涯规划。所以，职业生涯规划是一个循环的过程，需要不断地探索。但值得注意的是，在修正职业规划时，应把握一个原则——一旦目标确定，就不要轻易改变，应该改变实现的方法。

除非你说出目的地，否则你无法成功。

——拿破仑·希尔（《世界上最伟大的推销员》作者）

课堂活动

在老师的引导下，幻想"工作了十年后"自己生活和工作的样子。

生涯幻游

现在,时光隧道将大家带到了毕业十年后的某一天。

早晨,我慢慢地睁开眼睛,看到天花板了吗?是什么颜色的?感到温馨吗?

起床后,我是匆匆忙忙洗把脸冲出去,还是喝杯水后开始洗漱?洗漱间有多大?装修是什么风格?

好,该吃早饭了。我是出去买早餐还是在家里做着吃?吃的是什么?有人与我一起吃吗?我们之间有交流吗?说些什么?

我走到了衣柜前准备挑选衣服。我的衣柜里供选择的衣服多吗?我选择什么样的上衣,穿什么样的裤子,搭配什么样的鞋子呢?我对自己的着装打扮满意吗?

该去上班了。离开家之前,我回头看了看自己住的地方:这是什么样的房子?这个地方的环境如何?我乘坐的交通工具是什么?有人与我同行吗?他们是谁?

即将到达工作地点,我首先注意了一下我工作的地方,这个地方自己感觉如何?

进了单位,同事们是如何称呼我的?

我是独立办公的还是和很多人一起办公?我走到了自己的办公桌前,开始安排我上午的工作,工作内容是什么?跟哪些人一起工作?工作中用到什么东西?是我喜欢做的事情吗?

我的午餐如何解决呢?和谁一起去吃饭?吃的什么呢?午餐吃得愉快吗?

下午的工作内容与上午有什么不同吗?都做了些什么?我上下班有固定的时间吗?

十年过去了,我的生活是什么样呢?下班后,我是直接回家吗?还是要去办一些什么事?或者是参与一些什么活动?

回家了。和我一起生活的是什么人呢?他们在干什么?他们欢迎我回家吗?我对家的感觉如何?回家后我都做了些什么事情?我会与他们分享自己的工作吗?

该是就寝的时间了。我躺在床上,回忆着今天的工作与生活:今天过得愉快吗?

我所从事的工作是我想要的吗?对工作环境、福利待遇满意吗?我所从事的职业与我所学的专业有关系吗?我的什么能力对自己帮助最大?哪些东西对自己的负面影响最大?

是不是要许一个愿望?许什么样的愿望呢?如果重新选择职业,我还会选这个职业吗?

(资料来源:《大学生职业生涯发展与规划》钟谷兰、杨开)

记录下生涯幻游的内容。

_____

_____

_____

_____

1. 我工作十年后所从事的工作状况描述
（1）工作职业是＿＿＿＿＿＿＿＿＿＿＿＿＿＿＿＿＿＿＿＿＿＿＿＿＿＿＿＿
（2）工作的内容是＿＿＿＿＿＿＿＿＿＿＿＿＿＿＿＿＿＿＿＿＿＿＿＿＿＿
（3）工作的场所在＿＿＿＿＿＿＿＿＿＿＿＿＿＿＿＿＿＿＿＿＿＿＿＿＿＿
（4）工作场所周围的环境是＿＿＿＿＿＿＿＿＿＿＿＿＿＿＿＿＿＿＿＿＿
（5）工作场所周边的人群是＿＿＿＿＿＿＿＿＿＿＿＿＿＿＿＿＿＿＿＿＿

2. 我工作十年后的生活状况的描述
（1）婚姻状况 □已婚 □未婚，概要情况是＿＿＿＿＿＿＿＿＿＿＿＿＿＿
（2）家中有子女＿＿＿＿＿人，概要情况是＿＿＿＿＿＿＿＿＿＿＿＿＿＿
（3）与父母同住吗 □是 □否 其他情况是＿＿＿＿＿＿＿＿＿＿＿＿＿
（4）家庭住址是＿＿＿＿＿＿＿＿＿＿＿＿＿＿＿＿＿＿＿＿＿＿＿＿＿＿
（5）居住地周围的环境是＿＿＿＿＿＿＿＿＿＿＿＿＿＿＿＿＿＿＿＿＿＿
（6）居住地周围的人群是＿＿＿＿＿＿＿＿＿＿＿＿＿＿＿＿＿＿＿＿＿＿

3. 请回忆并回答下列问题
（1）你在进行幻游时，印象最深刻的画面是什么？
＿＿＿＿＿＿＿＿＿＿＿＿＿＿＿＿＿＿＿＿＿＿＿＿＿＿＿＿＿＿＿＿＿＿＿
＿＿＿＿＿＿＿＿＿＿＿＿＿＿＿＿＿＿＿＿＿＿＿＿＿＿＿＿＿＿＿＿＿＿＿

（2）你对自己从事的工作满意吗？原因是什么？
＿＿＿＿＿＿＿＿＿＿＿＿＿＿＿＿＿＿＿＿＿＿＿＿＿＿＿＿＿＿＿＿＿＿＿
＿＿＿＿＿＿＿＿＿＿＿＿＿＿＿＿＿＿＿＿＿＿＿＿＿＿＿＿＿＿＿＿＿＿＿

（3）对自己的生活状态满意吗？原因是什么？
＿＿＿＿＿＿＿＿＿＿＿＿＿＿＿＿＿＿＿＿＿＿＿＿＿＿＿＿＿＿＿＿＿＿＿
＿＿＿＿＿＿＿＿＿＿＿＿＿＿＿＿＿＿＿＿＿＿＿＿＿＿＿＿＿＿＿＿＿＿＿

（4）你从事的工作与所学的专业是什么关系？
＿＿＿＿＿＿＿＿＿＿＿＿＿＿＿＿＿＿＿＿＿＿＿＿＿＿＿＿＿＿＿＿＿＿＿
＿＿＿＿＿＿＿＿＿＿＿＿＿＿＿＿＿＿＿＿＿＿＿＿＿＿＿＿＿＿＿＿＿＿＿

（5）如果让你重新选择职业，你还会选择这样的工作吗？为什么？
＿＿＿＿＿＿＿＿＿＿＿＿＿＿＿＿＿＿＿＿＿＿＿＿＿＿＿＿＿＿＿＿＿＿＿
＿＿＿＿＿＿＿＿＿＿＿＿＿＿＿＿＿＿＿＿＿＿＿＿＿＿＿＿＿＿＿＿＿＿＿

（6）你会用哪些词语总结或者描述自己的大学生活？

_____

_____

（7）你在幻游中的职业任务与现在的目标最大的不同点是什么？

_____

_____

（8）你在幻游后，最深的感受是什么？

_____

_____

推荐阅读

书籍：《你的降落伞是什么颜色》，理查德·尼尔森·鲍利斯，中国华侨出版社；《现在发现你的优势》，马克斯·白金汉，中国青年出版社；《选对池塘钓大鱼》，雷恩·吉尔森，机械工业出版社。

电影：《飞屋环游记》。

附录1：《大学四年应该这样度过》。——李开复给中国大学生的信

第二章 性格探索

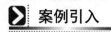 案例引入

小刘的烦恼

小刘，26岁，西安某大学毕业，文秘专业，性格比较内向。毕业后经过学校推荐，她进入了一家事业单位做文秘工作。领导了解到小刘的个性后，就尽量安排一些文字性的工作给她做。

接下来的秘书工作轻松安逸。然而变化是常态，这位领导退休了。

新领导希望秘书能够八面玲珑，善于和别人沟通。

然而，这样的要求和小刘的个性相差很大。为了保住这份工作，小刘只能硬着头皮干。她不得不接待各种各样的来访者，她感觉到了前所未有的工作压力，很是痛苦。

她，想重新找一份工作。

请思考：

(1) 第二位领导对小刘工作上的期待有错吗？为什么？

_____

_____

(2) 小刘有没有必要换份工作？为什么？

_____

_____

(3) 如果你是小刘，在大学期间应该注意些什么？

_____

_____

第一节　性格与职业的关系

一、性格概述

1. 性格的概念

性格也称为人格特质，是一个人在生活中对人、对事，以及对外在环境所表现出来的一致性应对方式。每个人在其成长经历中，可能受到生理、遗传、家庭教养、文化、学习经验等因素的影响，从而形成自己的独特个性，在不同情境中表现出特定的气质。

如同世界上没有完全相同的两片叶子一样，世界上也没有两个性格完全相同的人。了解一个人的性格，一方面有助于做出与自己性格相适应的职业选择；另一方面可以帮助我们更好地与他人沟通合作，促进职业发展。

2. 面试中常遇到的问题

（1）最符合自己性格特征的三个词语是什么？

_____

（2）你最引以为豪的性格特征是什么？

_____

（3）你希望与什么样的上级共事？为什么？

_____
_____

（4）你生活中有没有遇到过挫折？是如何面对的？

_____
_____

（5）你愿意做大池塘里的小鱼还是小池塘里的大鱼？为什么？

_____
_____

（6）如果你按照上级的要求做了策划，但是后来上级又反过来指责你做得不对，要你三天内重做，你会怎么办？

_____
_____

（7）如果领导对你的提案一直不满意，可是你自己觉得已经做得很好了，这时候你会怎么做？为什么这么做？

_____

_____

请思考：
　　用人单位为什么关注求职者的性格特点？

_____

_____

二、性格与职业之间的关系

　　性格是人对现实的态度和行为方式中比较稳定的心理特征的总和。职业性格是一个人对职业的稳定态度和在职业活动中习惯化了的行为方式所表现出来的个性心理特征，对个人的职业生涯规划有重要意义。

　　我们每个人都有自己的独特的个性。也就是说每个人的心理特征不同，看待问题、处理问题的风格、方式也不同。有的人热情爽朗，有的人沉稳持重，有的人风风火火，有的人谨慎多疑，但金无足赤，人无完人，一个人在某方面有所不足，在其他方面必有过人之处，说不定它就是你制胜的法宝。

　　性格对职业生涯规划有重要的影响，有以下三个原因。

1. 性格是个体人格中具有核心意义的部分

　　性格几乎涉及一个人的心理过程及个性特征的各个方面，与职业息息相关。它能使一个人更加偏爱一种环境，由于性格的不同，每个人在对不同环境的认知过程中，也表现出不同的风格。从事与自己的性格不匹配的工作，个人的才能就会受到阻碍，会让你觉得整个工作状态都很"不对劲"。使一个人在某种职业中获得成功的性格，可能会让你在另一职业中大受挫折。因此在职业选择中，我们应尽可能考虑自己的个性特征与职业要求是否相适应，这样在工作中就能够满足你的独特欲望，能够发挥你特有的能力，还能利用你的个人资本，使你在工作中体验到更多的快乐。

　　职业规划专家曾做过一个小小的实验来佐证这一观点。你在一张纸上或是书页边上，签上自己的姓名。完成之后换一只手再签一次。如果你感到别扭，那就对了，因为大多数人在第一次签名后会说"很自然""简单""很快""毫不费劲"。然而当你换用另一只手时又如何呢？一些经典的回答有"很慢""别扭""困难""发酸""很累""要花很长时间""花费更多精力和心思"。职业规划师认为用手的习惯可以很好地说明职业与性格匹配的重要性。使用你惯用的那只手时，你会感到舒适、自信、快捷，并且完成质量好；若强迫使用另一只手，这当然可以拓展你的能力，但绝不会像先前那样灵活自如，收到的效果也就不那么令人满意了。

2. 在职业发展中性格比能力更重要

用人单位在员工选择上逐渐认识到性格适合比能力好更重要。这种认识在国外已经相当普遍。其原因是，如果一个人能力不足，可以通过培训提高，一年不行，两年，两年不行，三年，总可以培训出来。但一个人的性格与职业或岗位不吻合，要改变起来，可就困难了。所以，公司在招聘新员工时，会将性格的测验放在首位，当性格与职业或岗位吻合了，才对其能力进行测验考察。如果性格与职业或岗位不吻合，再高的学历，再强的能力，也不予录用。

3. 性格无所谓好坏，关键看是否放对了地方

每一类性格都有与之相适应的职业范围。职业心理学的研究表明，不同的职业需要具有不同性格的从业者，例如，敏感型的人，精神饱满，好动不好静，办事喜欢速战速决，但行为常有盲目性，有时情绪不稳定。这类人的职业范围包括运动员、行政人员及一般性职业。情感型的人，感情丰富，喜怒哀乐溢于言表，不喜欢单调生活，爱刺激，爱感情用事，对新事物很有兴趣。这类人合适的职业范围包括演员、导游、活动家、护理人员等。思考型的人，善于推理，逻辑思维发达，有比较成熟的观点，生活、工作有规律，时间观念强，重视调查研究的精确性，但有时思想僵化，缺乏灵活性。这类人合适的职业范围包括工程师、教师、财务人员和数据处理人员等。想象型的人，想象力丰富，憧憬未来，喜欢思考问题，有时行为刻板，不易合群。这类人合适的职业范围包括科学工作者、技术研究人员、艺术工作者和作家等。还有其他多种多样的类型。

性格没有好坏之分，在职业选择和发展中只有适不适合、匹不匹配，所以每种性格都能成才，只要找到与之匹配的职业，并坚持不懈地训练。请阅读下面卡夫卡的经历，并完成后面的思考。

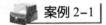
案例 2-1

每种性格都成才

19 世纪末，一个男孩降生于布拉格一个贫穷的犹太人家里。随着男孩一天天长大，人们发现他虽生为男儿身，却没有半点男子气概。他的性格内向、敏感、多虑，防范和躲避的思想在他心中根深蒂固。

男孩的父亲竭力想把他培养成一个男子汉，希望他具有刚毅勇敢的性格。在父亲严厉的教导下，男孩的性格不但没有变得刚烈勇敢，反而越来越懦弱自卑，以至于生活中的每一个细节、每一件小事对他来说都是一个不大不小的灾难。他常独自躲在角落里，小心翼翼地猜度着会有怎样的伤害落到他的身上。

父亲对儿子彻底失望了。你能够让他去当兵、去冲锋陷阵吗？不可能，部队还没有开始选拔，他也许就已经当逃兵了。让他去从政？依靠他的智慧、勇气和决断力，要从各种矛盾冲突中寻找出一种平衡妥当的解决方法，那更是可望而不可及的幻想。他也不可能做律

师，内向懦弱的性格怎么可能面对法庭上紧张激烈的辩论呢？懦弱内向的性格，也许是人生的悲剧。

然而，你能想象这个男孩后来的命运吗？这个男孩后来成了世界上最伟大的文学家之一，他就是卡夫卡（Kafka）。为什么会这样呢？原因很简单，就在于卡夫卡找到了适合自己穿的"鞋"。找到了上帝为他的性格安排的职业。性格内向、懦弱的人，他们的内心世界一定很丰富，他们能敏锐地感受到别人感受不到的东西。他们是外部世界的懦夫，却是精神世界的国王。这种性格的人如果选择了做军人、政客、律师，那么，他就可能成为懦夫；如果他选择了精神的领域，那么，他就成了国王。卡夫卡正是选择了后者，他在文学创作的领域里纵横驰骋。在这个他为自己营造的艺术王国中，在这个精神家园里，他的懦弱、悲观、消极等弱点，反倒使他对世界、生活、人生、命运，有了更尖锐、敏感、深刻的认识。他以自己在生活中受到的压抑、苦闷为题材，开创了一个文学史上全新的艺术流派——意识流。他在作品中把荒诞的世界、扭曲的观念、变形的人格，重新进行了解剖，使我们对现代文明这种超级怪物，有了更深刻的认识，对人生和命运有了更沉重的反省。他给我们留下了许多不朽的文学巨著——《变形记》《城堡》《审判》《美国》等。回想一下，如果卡夫卡当初听从父命去做律师，那么，世间也就少了这些不朽的传世巨著。

因此，在进行职业生涯规划时，了解清楚自己的性格特征很重要，适合的才是最好的。

（资料来源：《文学百科大辞典》）

请思考：
你了解的自己的最突出的三个性格特征及这些性格特征可能适合的职业有哪些？

_____

_____

_____

_____

第二节　MBTI 性格理论

一、从人格类型学说到 MBTI 性格理论诞生

1. 荣格与弗洛伊德的缘分

瑞士心理学家卡尔·古斯塔夫·荣格（Carl Gustav Jung）出生于一个宗教家庭，他的父亲和八位叔伯都是牧师。荣格早年从医，在读了西格蒙德·弗洛伊德（Sigmund Freud）

的《梦的释义》后，从 1906 年开始与其通信。弗洛伊德对荣格非常器重，视其为得意门生和精神分析的传承人。1911 年他们曾经一起筹备精神分析的国际学会，内定荣格为主席。但是，就在 1913 年召开国际精神分析学会的那一年，他们之间产生了意见分歧，从此荣格分裂出来，形成了自己的分析心理学，在人格研究方面也提出了不同于弗洛伊德精神分析思想的独到观点。

2. 荣格的人格类型说

1921 年，荣格出版了《心理类型》一书，他将人的个性态度分为两大类：外倾型和内倾型。荣格认为外倾型的人心理能量指向于外，关注客体，对周围的环境、事物感兴趣，有较好的社会适应能力；内倾型的人则相反，他们的心理能量指向于内，对外界事物不感兴趣，而更关心自己的内心世界，较难适应环境和周围社会。

在两种态度类型的基础上，荣格又区分了四种功能类型：思维、情感、感觉和直觉。两种态度类型和四种功能类型又组合成八种不同的类型人格：外倾思维型、外倾情感型、外倾感觉型、外倾直觉型、内倾思维型、内倾情感型、内倾感觉型和内倾直觉型。

荣格指出，这八种类型只代表极端的情况，实际上每个人都会表现出某种占优势的类型，在他身上还有不占优势的第二种、第三种人格类型。

荣格提出的人格的类型学说与弗洛伊德的人格学说大相径庭，在人格理论中独树一帜。

3. 迈尔斯·伊莎贝尔、凯瑟琳·布里格斯与 MBTI

1923 年，荣格的《心理类型》英文版出版，远在大洋彼岸的凯瑟琳·布里格斯（Kathering Briggs）阅读了这部著作，并被它所吸引，她期盼着有人能够设计出一种工具，测评人们的人格类型。后来她的女儿，迈尔斯·伊莎贝尔（Mgers Isabel）决定与她一起完成这个工作。

1942 年，迈尔斯－布里格斯人格类型指标 (Mgers–Briggs Type Indicator, MBTI) 诞生。经过七十余年的努力，MBTI 已成为世界上应用最广泛的人格测评工具，仅美国每年就有超过百万人参加 MBTI 的培训和使用。现在，MBTI 及其性格理论已经被翻译成十多种世界主要语言，被广泛用于团队建设、职业发展、婚姻教育、职业咨询等方面。

二、MBTI 性格理论

1. MBTI 性格理论从四个维度的各自两极考察个人的偏好

能量倾向：	Extroversion	VS.	Introversion	外倾/内倾
接收信息：	Sensing	VS.	Intuitive	感觉/直觉
处理信息：	Thinking	VS.	Feeling	思考/情感
行动方式：	Judging	VS.	Perceiving	判断/知觉

MBTI 性格理论的维度解释如表 2-1 所示。

表 2-1 MBTI 性格理论的维度解释

能量倾向：你更喜欢将自己的注意力集中于何处？你从何处获得活力？ E-I 维度	
□外倾 Extroversion(E)	□内倾 Introversion(I)
注意力和能量主要指向外部世界的人和事，从与人交往和行动中得到活力	注意力和能量集中于自己的内心世界，从对思想、回忆和情感的反思中得到活力
● 关注外部环境 ● 喜欢用谈话的方式进行沟通 ● 通过谈话形成自己的意见 ● 用实际操作或讨论的方式能学得最好 ● 兴趣广泛 ● 喜欢与人交往，善于表达 ● 先行动，后思考 ● 在工作和人际关系中都很积极主动	● 关注自己的内心世界 ● 更愿意用书面方式沟通 ● 通过思考形成自己的意见 ● 用思考、在头脑中"练习"的方式学得最好 ● 兴趣专注 ● 安静而显得内向 ● 先思考，后行动 ● 当情境或事件对他们具有重要意义时会采取主动
接收信息：你如何获取信息？ S-I 维度	
□感觉 Sensing(S)	□直觉 Intuition(I)
用自己的五官来获取信息。喜欢收集实实在在的、确实已出现的信息。对于周围所发生的事件观察入微，特别关注现实	通过想象、无意识等超越感觉的方式来获取信息。喜欢看整个事件的全貌，关注事实之间的关联。想要抓住事件的模式，特别善于看到新的可能性
● 着眼于当前的实际情况 ● 现实、具体 ● 关注真实的、实际存在的事物 ● 观察敏锐，并能记住细节 ● 经过仔细周详的推理一步步得到结论 ● 通过实际运用来理解抽象的思维和理论 ● 相信自己的经验	● 着眼于未来的可能性 ● 富有想象力和创造性 ● 关注数据所代表的模式和意义 ● 当细节与某一模式相关时才能够记得 ● 靠直觉很快得出结论 ● 希望在应用理论之前先能对之进行澄清 ● 相信自己的灵感
处理信息：你是如何做决定的？ T-F 维度	
□思考 Thinking(T)	□情感 Feeling(F)
通过分析某一行动或选择的逻辑后果来做出决定。会将自己从情境中分离出来，对事件的正反两方面进行客观地分析。从分析和解决问题中获得活力。目标是要找到一个能应用于所有相似情境的标准或原则	喜欢考虑对自己和他人来说重要的东西。会在头脑中将自己放在情境所牵涉的所有人的位置上并试图理解别人的感受，然后在此基础上根据自己的价值判断做出决定。从对他人表示赞赏和支持中获得活力。目标是创造和谐的氛围，把每个人都当作一个独特的个体来对待
● 善于分析 ● 运用因果推理 ● 以逻辑的方式解决问题 ● 寻求一个合乎真理的客观标准 ● 爱讲理 ● 可能显得不近人情 ● 公平意味着每个人都能得到平等的待遇	● 善于体贴他人、感同身受 ● 受个人价值观的引导 ● 衡量决定对他人产生的后果和影响 ● 寻求和谐的气氛和积极的人际交往 ● 富于同情心 ● 可能会显得心肠太软 ● 公平意味着每个人都被作为独特的个体来对待

续表

行动方式：你如何与外部世界打交道？ J-P 维度	
□判断 Judging(J) 喜欢将事情管理得井井有条，过一种有计划的、井然有序的生活。喜欢做出决定，完成后继续下面的工作。生活通常会比较有规则、有秩序，喜欢把事情敲定下来。照计划和日程安排办事对他们来说很重要。从完成任务中获得活力 ● 有计划的 ● 喜欢组织管理自己的生活 ● 有系统的 ● 按部就班 ● 爱制订短期和长期计划 ● 喜欢把事情落实敲定 ● 力图避免最后一分钟才做决定或完成任务	□知觉 Perceiving(P) 喜欢以一种灵活、自发的方式生活，更愿意去体验和理解生活而不是去控制它。详细的计划或最后决定会使他们感到被束缚。愿意对新的信息和选择保持开放，直到最后一分钟。足智多谋，善于调节自己适应当前场合的需要，并从中获得活力 ● 自发 ● 灵活 ● 随意 ● 开放 ● 适应，改变方向 ● 不喜欢把事情确定下来，以留有改变的可能性 ● 最后一分钟的压力会使他们感到活力充沛

2.MBTI 性格理论的 16 种性格类型通常具有的特征

MBTI 性格理论的 16 种性格类型通常具有的特征如表 2-2 所示。

表 2-2　MBTI 性格理论的 16 种性格类型通常具有的特征

性格类型	特征
ISTJ	沉静、认真、贯彻始终，得人信赖而取得成功。讲求实际，注重事实，能够合情合理地去决定应做的事情，而且坚定不移地把它完成，不会因外界事物而分散精神。以做事有次序、有条理为乐，不论在工作上、家庭上或者生活上，都重视传统和忠诚
ISFJ	沉静、友善，有责任感和做事谨慎。能坚定不移地承担责任，做事贯彻始终，不辞辛劳和准确无误。忠诚，替人着想；细心，往往记着他所重视的人的种种微小事情，关心别人的感受。努力创造一个有秩序、和谐的工作和家居环境
INFJ	探索意念、人际关系和物质拥有欲的意义和它们之间的关系。希望了解什么可以激励人们，对别人有洞察力，尽责，能够履行他们坚持的价值观念。有一个清晰的理念以谋取大众的最佳利益。能够有条理地，果断地去实践他们的理念
INTJ	有具创意的头脑，有很大的冲劲去实践他们的理念和达至目标。能够很快地掌握事情发展的规律，从而想出长远的发展方向。一旦作出承诺，便会有条理地开展工作，直到完成为止。有怀疑精神，独立自主，无论为自己或为他人，有高水准的工作表现
ISTP	容忍，有弹性，是冷静的观察者，但当有问题出现时，便迅速行动，找出可行的解决方法。能够分析哪些东西可以使事情进行顺利，也能够从大量资料中，找出实际问题的重心。很重视事件的前因后果，能够以理性的原则把事实组织起来，重视效率
ISFP	沉静、友善、敏感和仁慈，欣赏目前和他们周遭所发生的事情。喜欢有自己的空间，做事能把握自己的时间，忠于自己所重视的人
INFP	理想主义者，忠于自己的价值观及自己所重视的人，外在的生活与内在价值观配合。有好奇心，很快看到事情的可能与否，能够加速理念的实践。试图了解别人，协助别人发展潜能，适应力强，有弹性；如果和他们的价值观没有抵触，往往能包容他人

续表

性格类型	特征
INTP	对任何感兴趣的事物，都要探索一个合理的解释。喜欢理论和抽象的事物，喜欢理论思维多于社交活动。沉静，满足，有弹性，适应力强。在他们感兴趣的范畴内，有非凡的能力去专注而深入地解决问题。有怀疑精神，喜欢批判，善于分析
ESTP	有弹性，容忍，讲求实际，专注即时的效益。对理论和概念上的解释感到不耐烦，希望以积极的行动去解决问题。专注于此时此地，喜欢主动与别人交往，喜欢物质享受的生活方式，能够通过实践达到最佳的学习效果
ESFP	外向、友善、包容、热爱生活、人类和物质享受，喜欢与别人共事。在工作上，讲究常识性和实用性，注意现实的情况，使工作富趣味性，富灵活性，即兴性，易接受新朋友和适应新环境，与别人一起学习新技能可以达到最佳的学习效果
ENFP	热情而热心，富有想象力，认为生活充满很多可能性。能够很快地找出事件和资料之间的关联性，而且有信心地依照自己所看到的模式去做。很需要别人的肯定，又乐于欣赏和支持别人。即兴而富于弹性，时常信赖自己的临场表现和流畅的语言能力
ENTP	思维敏捷，机灵，能激励他人，警觉性高，勇于发言，能随机应变地去应付新的和富于挑战性的问题。善于引用在概念上可能发生的问题，然后很有策略地加以分析。善于洞察别人。对日常例行事务感到厌倦。甚少以相同方法处理同一事情，能够灵活地处理接二连三的新事物
ESTJ	讲求实际，注重事实。果断，能很快做出实际可行的决定，善于安排计划和组织人员以完成工作，尽可能以最有效率的方法达到目的。能够注意日常例行工作的细节。有一套清晰的逻辑标准，会有系统地跟着去做，也想别人跟着去做。会以强硬的态度去执行计划
ESFJ	有爱心、尽责、合作，渴望和谐的环境，而且有决心营造这样的环境。喜欢与别人共事并能准确地、准时地完成工作。忠诚，即使在细微的事情上也如此。能够注意别人在日常生活中的需要而努力帮助他人，渴望别人认可他们和欣赏他们所做的贡献
ENFJ	温情、有同情心、反应敏捷和有责任感，高度关注别人的情绪、需要和动机。能够看到每个人的潜质，能够帮助别人发挥自己的潜能。忠诚，对赞美和批评都能做出很快的回应。社交活跃，在一组人当中能够惠及别人，有启发人的领导才能
ENTJ	坦率、果断、乐于作为领导者。很容易看到不合逻辑或缺乏效率的程序和政策，能够顾及全面，解决一些组织上的问题。喜欢有长远的计划，喜欢有一套制订的目标。往往是博学多闻的，喜欢追求知识，又能把知识传给别人。能够有力地提出自己的主张

3.MBTI性格理论的16种性格类型的职业倾向

MBTI性格理论的16种性格类型（后文简称为MBTI性格类型）的职业倾向如表2-3所示。

表2-3 MBTI性格理论的16种性格类型的职业倾向

性格类型	ISTJ	ISFJ	INFJ	INTJ
职业倾向	● 管理者 ● 会计 ● 行政管理 ● 执法者 ● 其他可以利用经验和对细节的注意完成任务的职业	● 教育 ● 健康护理（包括生理、心理等） ● 其他能够运用经验帮助别人的职业	● 咨询服务（包括社会、个人、心理等） ● 教学 ● 艺术 ● 其他能够促进情感，智力或精神发展的职业	● 科学或技术领域 ● 计算机 ● 法律 ● 其他能够运用智力创造和技术知识去构思，分析和完成任务的职业

续表

性格类型	ISTP	ISFP	INFP	INTP
职业倾向	● 熟练工种 ● 技术领域 ● 农业 ● 执法 ● 军人 ● 其他能够动手操作，分析数据或事情的职业	● 健康护理 ● 商业 ● 执法者 ● 其他能够运用友善，专注于细节的职业	● 咨询服务 ● 写作 ● 艺术 ● 其他能够运用创造和集中于自己价值观的职业	● 科学或技术领域 ● 其他能够基于自己的专业技术知识来独立、客观地分析问题的职业
性格类型	ESTP	ESFP	ENFP	ENTP
职业倾向	● 市场 ● 熟练工种 ● 商业 ● 执法者 ● 应用技术 ● 其他能够利用行动关注必要细节的职业	● 健康护理 ● 教学教导 ● 教练 ● 儿童保育 ● 熟练工种 ● 其他能够利用外向的天性和热情去帮助有实际需要的人们的职业	● 咨询服务 ● 教学 ● 艺术 ● 其他能够利用创造和交流去帮助促进他人成长的职业	● 科学 ● 管理者 ● 技术 ● 艺术 ● 其他能够有机会不断承担新挑战的职业
性格类型	ESTJ	ESFJ	ENFJ	ENTJ
职业倾向	● 管理者 ● 行政管理 ● 执法者 ● 其他能够运用对事实的逻辑和组织完成任务的职业	● 教育 ● 健康护理 ● 宗教 ● 其他能够关怀他人并提供服务的职业	● 宗教 ● 艺术 ● 教学 ● 教导 ● 其他能够帮助别人在情感，智力和精神上成长的职业	● 管理者 ● 领导者 ● 其他能够让他们运用实际分析，战略计划和组织完成任务的职业

三、思考并回答下列问题

（1）我的 MBTI 性格类型：

能量倾向＿＿＿＿＿＿＿＿＿＿＿＿＿＿＿＿＿＿＿＿＿＿＿＿＿＿＿＿＿＿＿＿＿＿

接收信息＿＿＿＿＿＿＿＿＿＿＿＿＿＿＿＿＿＿＿＿＿＿＿＿＿＿＿＿＿＿＿＿＿＿

处理信息＿＿＿＿＿＿＿＿＿＿＿＿＿＿＿＿＿＿＿＿＿＿＿＿＿＿＿＿＿＿＿＿＿＿

行动方式＿＿＿＿＿＿＿＿＿＿＿＿＿＿＿＿＿＿＿＿＿＿＿＿＿＿＿＿＿＿＿＿＿＿

（2）我的 MBTI 性格类型组合：＿＿＿＿＿＿＿＿＿＿＿＿＿＿＿＿＿＿＿＿＿＿

＿＿＿＿＿＿＿＿＿＿＿＿＿＿＿＿＿＿＿＿＿＿＿＿＿＿＿＿＿＿＿＿＿＿＿＿＿＿＿

（3）我的 MBTI 性格类型特征描述：＿＿＿＿＿＿＿＿＿＿＿＿＿＿＿＿＿＿＿＿

第三节　探索自己性格适合的职业

一、根据 MBTI 性格类型考虑职业

根据我的 MBTI 性格类型偏好，从表 2-3 MBTI 性格理论的 16 种性格类型的职业倾向及相关资料中所列举的职业中挑出自己感兴趣的职业，至少要 10 种。写出选择每种职业的理由，并思考为什么会这样排序。

　　　职　业　　　　　　　　　选择职业的理由
（1）_____　_____
（2）_____　_____
（3）_____　_____
（4）_____　_____
（5）_____　_____
（6）_____　_____
（7）_____　_____
（8）_____　_____
（9）_____　_____
（10）_____　_____
（11）_____　_____

二、用实例验证自己的职业选择

1. E-I 维度　外倾型还是内倾型

请同学们在小组中分享自己大多数情况下是偏向内倾还是外倾的实例，并完成下面的题目。

（1）内倾型的人的特征是什么？

_____

_____

（2）内倾型的人可能选择的职业有哪些？

_____

_____

（3）外倾型的人的特征是什么？

_____

_____

（4）外倾型的人可能选择的职业有哪些？
_____
_____

（5）请外倾型的同学和内倾型的同学，互相说一说对对方的印象是什么，相处的时候需要对方做一些什么？自己应注意些什么？能从对方身上学习些什么？
_____
_____

2.S-I维度　感觉型还是直觉型
假如你去参加一个重要的活动，前面摆放着一盘苹果，但又无法吃。
（1）你对这盘苹果的描述是什么？
_____
_____

（2）感觉型的人的特征是什么？
_____
_____

（3）感觉型的人可能选择的职业有哪些？
_____
_____

（4）直觉型的人的特征是什么？
_____
_____

（5）直觉型的人可能选择的职业有哪些？
_____
_____

（6）如果你是感觉型的人，你与直觉型的人共事，你给自己的提醒是什么？给对方的建议是什么？

_____
_____

3.T-F 维度　思考型还是情感型

某所军校规定，学员被发现吸烟三次就要被勒令退学。假如你是这所军校主管学生工作的老师，有一名学生已经两次被发现抽烟，你和他认真地谈了一次话，警告他如果再有第三次将被开除。现在，这名学生在即将毕业的时候第三次吸烟被抓。

（1）你会怎么处理这件事？为什么？

_____
_____

（2）你的决定是什么？

_____
_____

（3）思考型的人的特征是什么？

_____
_____

（4）思考型的人可能选择的职业有哪些？

_____
_____

（5）情感型的人的特征是什么？

_____
_____

（6）情感型的人可能选择的职业有哪些？

_____
_____

（7）如果你是思考型的人，你与情感型的人共事，你给自己的提醒是什么？给对方的建议是什么？

_____

_____

4. J–P 维度　判断型还是知觉型

假设现在是周五下午，你在本周日上午要参加大学英语四级考试。这是你参加这个考试的最后一次机会了，而你感觉自己有不少内容还没准备好，因此打算在今晚和周六好好复习。但是，你忽然接到电话，一个好朋友从外地来北京了周六早上就要离开。你们已经好久没见面了，他邀请你今晚去看他。

（1）你会去吗？为什么？

_____

_____

（2）判断型的人的特征是什么？

_____

_____

（3）判断型的人可能选择的职业有哪些？

_____

_____

（4）知觉型的人的特征是什么？

_____

_____

_____

（5）知觉型的人可能的选择职业有哪些？

_____

_____

_____

（6）如果你是判断型的人，你与知觉型的人在共事，你给自己的提醒是什么？给对方的建议是什么？

_____
_____

5. 筛选出自己性格可能适合的职业

（1）请筛选出可能适合自己性格特征的十种职业，并对十种职业进行排序。

_____
_____
_____

（2）请写出选择这十种职业和排序的理由。

_____
_____
_____
_____
_____
_____
_____

 推荐阅读

书籍：《就业宝典》，美保罗·D.蒂戈尔，中信出版社。

第三章　兴趣探索

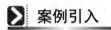
案例引入

达尔文与《物种起源》

　　1809年2月12日，达尔文（Darwin）出生在英国希留布里的小镇，他的父亲是当地著名的医生，而他的母亲则喜欢栽培花卉和果树，并且常常教给孩子们识别花草果树的知识。这使年幼的达尔文从小就和植物结下了不解之缘。

　　达尔文在8岁时进入了镇上的小学，枯燥无味的课程使他厌烦。于是，他把精力和感情都倾注到课外的活动中，常常去野外捕捉昆虫、寻找矿石、采集动植物的标本。16岁时，达尔文和哥哥一起被父亲送到爱丁堡大学去学医，每当课余和假日，他就同渔民一道出海，撒网捕鱼，制作标本，带回来分析研究。父亲见他并没有改变自己的兴趣和爱好，十分恼火，便把他送进了剑桥大学神学院。

　　达尔文对神学院的课程内容毫无兴趣。但剑桥大学的学术环境和资源给了他成长的空间，他读了很多关于自然科学的书籍，还拜亨斯洛教授为师。亨斯洛教授精通植物学、昆虫学、化学、矿物学和地质学，正是由于他的引导，达尔文才真正走上科学研究的道路。

　　1831年，达尔文从剑桥大学毕业，获得了牧师的职位。然而此时他的全部感情和志向却集中在生物学和矿物学上。那时正值英国政府向全球扩张，不断派船探险。这年12月，英国政府组织了"贝格尔"军舰的环球考察，经亨斯洛教授的推荐，达尔文以"博物学家"的身份，自费搭上贝格尔舰，开始了为期五年的艰辛的环球考察旅行。

　　在这次环球科学考察中，达尔文积累了大量的资料。回国之后又经过长达二十余年的研究。1859年11月达尔文的科学巨著《物种起源》出版了。这部著作的问世，第一次把生物学建立在完全科学的基础上，标志着生物进化论的正式确立。

　　1882年4月19日，这位伟大的科学家因病逝世，人们把他的遗体安葬在牛顿的墓旁以表达对这位科学家的敬仰。

（资料来源：《科学生活》2009年第5期）

请思考：

（1）是什么原因促使达尔文走上科学的道路，并最终获得成功？

_____

_____

（2）是什么激励着达尔文进行艰辛而生死难测的环球考察并能在回国之后持续长达二十余年的研究呢？

_____

_____

第一节 兴趣与职业的关系

一、兴趣

1. 兴趣的含义

兴趣指的是关注、好奇、进而力求经常探究和掌握某些事物的心理倾向。兴趣的产生是由获得某方面的知识而在情绪体验上产生的倾向。例如，你对某种职业感兴趣，就会对该种职业表现出肯定的态度，并积极去了解、思考、探索和追求。

职业兴趣是一个人探究某种职业或者从事某种职业活动所表现出来的特殊个性倾向。在规划自己的职业生涯时，我们不仅需要知道自己有能力从事什么样的工作，更重要的是需要知道自己对哪类工作感兴趣，因为兴趣对职业生涯成功有着重要的意义。

2. 兴趣的发展

兴趣的发展，一般要经过有趣、乐趣和志趣三个阶段。

有趣是兴趣发展的低级水平，它往往是由某些外在的新异现象所吸引而产生的直接兴趣，其特点是：随生随灭，为时短暂。处于这一阶段的兴趣常常与对某一事物的新奇感相联系，随着这种新奇感的消失，兴趣也会自然逝去。例如，走在街上，看到一起普通车祸，有些人会觉得有趣，凑上前去看个究竟，然而随着警察对事情处理结束，大家便逐渐散去，几天之后人们也就逐渐淡忘了这起车祸。

乐趣是兴趣发展的中级水平，它是在有趣的基础上逐步定向形成的，其特点是基本定向，持续时间较长。在这一阶段中，兴趣使人变得专一、深入起来。如某人偶尔上网看小说，然而随着阅读的深入，喜爱上了网络文学，每天乐此不疲，沉溺于网络文学作品中。

乐趣对于工作、学习和生活都有巨大的影响，人们对于乐趣之事总是抱有很大的热情。子曰："知之者不如好之者，好之者不如乐之者。"就很好地说明了乐趣对学习的影响。乐趣对工作而言就是享受工作的快乐，德国伟大作家歌德说："如果工作是一种乐趣，人生就是天堂。"可见，一个人如果选择了自己感兴趣的职业，那他的一生就像在天堂度过一样。

志趣则是兴趣发展的高级水平，它与崇高的理想和远大的奋斗目标相结合，是在乐趣的基础上发展起来的，其特点是积极自觉，持续时间长。达尔文就是个很好的例子，由最初对花鸟虫草感到有趣，到沉湎打猎、旅行、采集标本、观察动植物的乐趣之中，直至发展成献身于博物研究的志趣，最终取得了辉煌的成就。

从某种意义上看，志趣是取得成就的根本动力，是成功的重要保证。古今中外的许多学者能够取得成绩和对人类做出重大贡献，就是因为在青年时期对学习和所从事的事业有强烈的兴趣和爱好，最终形成志趣，推动着他们在自己的研究领域里辛勤耕耘，奋斗终生，并取得辉煌的成绩。

请思考：
你认为兴趣和职业有什么关系？

_____

_____

_____

二、兴趣与职业的关系

兴趣是影响人们工作满意度、职业稳定性和职业成就感的重要因素，同时也是对职业进行分类的主要基础。它对职业生涯规划的影响体现在以下三个方面。

1. 兴趣是大学生职业生涯选择的重要依据

兴趣是最好的老师，可以使人集中精力去获得自己所喜欢的职业知识和职业技能，并创造性地开展工作。当一个人对某种职业发生兴趣时，他就会积极地去感知和关注该职业领域的知识和发展动态，并且积极思考、大胆探索、增强克服困难的意志等。反之，就不会取得良好效果的，当然也很难在该职业领域中发挥个人的优势，作出巨大贡献。正像一个人在日常生活中喜欢从事自己感兴趣的活动一样，具有一定兴趣类型的人更倾向于寻找与此有关的职业，特别是在外界环境限制较小时，个体更倾向于选择自己感兴趣的职业。

2. 兴趣是提高工作效率，充分发挥个体才能的助推器

当个体对某一方面的工作产生兴趣时，枯燥的工作也会变得丰富多彩、趣味无穷。兴趣使工作不再是一种负担，而是一种享受，它可以调动人的全部精力，使人以敏锐的观察、高度的注意力、深刻的思维和丰富的想象投入工作之中，促使个体能力超水平发挥。兴趣和能力的结合，更会大大提高个人的工作效率。曾有人进行过研究：如果一个人从事自己感兴趣的职业，则能发挥其全部才能的80%~90%，而且能长时间保持高效率而不感到疲劳；如果一个人对所从事的工作没有兴趣，则只能发挥其全部才能的20%~30%。

3. 兴趣是保证职业稳定、职场成功的重要因素

一般来说，兴趣是个人职业生涯稳定发展的一个基本因素，它可以用于预测个人的工作满意度和工作稳定性。工作满意度是影响职业生涯稳定的重要因素，在其他条件相似的情况下，从事自己感兴趣的职业，不但能让个体自己感到满意，而且能让周围的领导和同事感到满意，从而实现工作的长期性和稳定性。

因此，在规划自己的职业生涯时，个体不仅需要知道自己有能力从事什么样的工作，更重要的是需要知道自己对哪类工作感兴趣。只有将能力和兴趣结合起来，才可能规划好职业生涯并取得职业生涯的成功。

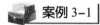 案例 3-1

伊科诺姆的故事

1964 年，随着一声哇哇啼哭，他出生在希腊风光旖旎的克里特岛。小小年纪的他，总喜欢拎个竹篮，在离家不远的海滩捡贝壳玩耍。

一次，几位女游客沐浴着夏日阳光，眺望着远方美景，一时又齐声哈哈大笑。好奇心促使他走上前去，想搞明白她们在说啥。

"小家伙，能送几只贝壳吗？"虽然一个字也没听懂，但他思忖了一会儿，乐呵呵地递上两枚漂亮的贝壳。游客们向他竖起了大拇指，给了一美元作为酬金。他手舞足蹈，因为从内心理解了晦涩的外文。自此，去海滩成了他每天的期待，慢慢地，他也能听懂一些复杂的外国话。

这天，他随手从家里拿了本书，如约去了海滩。他完全沉浸在书里，一待就是一整天。他回到家时，母亲心急如焚，厉声呵斥地问他："上哪儿了？"，"在海滩看德语教科书。"他回答道，于是将信将疑的母亲决定考考他。让母亲又惊又喜的是，他嘴里竟迸出了几句拗口的德语。他还信誓旦旦地说："从明天起，我要天天去跟游客学语言。"

谁料，晚上他躺在床上无法入睡，痛得嗷嗷大叫，因为整天的曝晒，让皮肤严重受伤。母亲耐心地给儿子擦药，儿子却一直喋喋不休，冒出一句：学语言这么苦，明天不去海滩了。

母亲眉头一皱，郑重其事地说："你不想去海滩，妈妈不反对……但如果你想学更多语言，去很多地方游玩，就需坚持兴趣。"

他似懂非懂。但幸运的是，他似乎被母亲描绘的未来吸引住了。第二天，天刚蒙蒙亮，他便起床了，又来到那片熟悉的海滩……

自此，他的兴趣一发不可收拾。读高中时，他已熟练掌握了英语、意大利语。慢慢地，他理解了学习语言的真谛：深入语言背后的文化，就能更快地掌握一门外语。

他俨然一个修行者，全身心地沉浸在与语言相关的事情中。20 世纪 80 年代，为了能更深刻地理解土耳其语，打破人们眼中的语言藩篱，他来到伊斯坦布尔最大的清真寺参观，在那里傻傻地观看祈祷仪式。看别人怎么做，再笨手笨脚地模仿……两个月后，他就能说上一口流利的土耳其语了。

1994年，他被欧盟三大机构之一的欧洲议会聘为翻译。接下来的几年，大多数来欧洲议会演讲的国家元首，都由他担任翻译。他就是欧洲议会里名副其实的明星翻译家伊科诺姆。值得一提的是，如今的他是欧盟唯一可以准确翻译重要中文文件的翻译家。

他成了传奇人物，总被记者追问："是什么秘诀，让您精通42种语言？"

他总会提及儿时捡贝壳的往事，然后微笑着说："我始终坚持语言兴趣，也就一路走到了今天。"是的，在生活的道路上，你能取得多大成就、理想能走多远，往往取决于你兴趣的长度。

（资料来源：百度文库）

请思考：

阅读完上面的故事，请问我们应该如何理解"兴趣和职业"之间的关系。

_____

_____

_____

_____

第二节　霍兰德职业兴趣理论

每个人的性格类型、学习兴趣和他将来从事的职业密切相关。人们总是在不断寻求能够获得技能、发展兴趣的职业。

一、霍兰德兴趣类型分类

约翰·霍兰德（John Holland）是美国约翰·霍普金斯大学心理学教授，美国著名的职业指导专家。他于1959年提出了具有广泛社会影响的职业兴趣理论，即世界上的大多数人的职业兴趣可以归为六种类型，人们可以用自己最感兴趣的三个类型描述自己的职业兴趣。他认为人的兴趣与职业密切相关，兴趣是人们活动的巨大动力，凡是从事有兴趣的职业，都可以提高人们的积极性，促使人们积极、愉快地从事该职业，职业兴趣与人格之间存在很高的相关性。

以下是霍兰德六个兴趣类型。

（1）实用型（Realistic，简称R）。

（2）研究型（Investigative，简称I）。

（3）艺术型（Artistic，简称A）。

（4）社会型（Social，简称S）。

（5）企业型（Enterprising，简称E）。

（6）事务型（Conventional，简称C）。

同一类型的人与同一类型的职业互相结合，才能达到适应状态。而人的一生面临着许多职业、职位，甚至具体项目的选择，这些选择能否与其类型相匹配，自然也是影响成功的重要因素。

用兴趣岛探索自己的职业兴趣

恭喜你！获得了一次免费度假的机会，有机会去下列六个岛屿中的一个。唯一的要求是你必须在这个岛上至少居住半年。请不要考虑其他因素，仅凭自己的兴趣爱好进行选择。

- 岛屿 R：自然原始的岛屿。岛上保留着原始森林，自然生态保持得很好，有各种各样的野生动物。岛上居民生活状态还相当原始，他们以手工见长，自己种植花果蔬菜、修缮房屋、打造器物、制作工具，喜欢户外运动。
- 岛屿 I：深思冥想的岛屿。岛上人迹较少，建筑物较少，适合夜观星象。岛上有多处天文馆、科技博览馆以及科学图书馆等。
- 岛屿 A：美丽浪漫的岛屿。岛上充满了美术馆、音乐厅、街头雕塑和街边艺人，弥漫着浓厚的艺术文化气息。当地的居民很有艺术、创新和直觉能力，他们保留了传统的舞蹈、音乐与绘画，许多文艺界的朋友都喜欢来这里找寻灵感。
- 岛屿 S：友善亲切的岛屿。岛上居民个性温和、十分友善、乐于助人，社区之间构成了一个密切互动的服务网络，人们重视互助合作，重视教育，关怀他人，充满人文气息。
- 岛屿 E：显赫富饶的岛屿。岛上居民善于企业经营和贸易，能言善道，以口才见长。岛上的经济高度发展，处处是高级饭店、俱乐部、高尔夫球场。来往者多是企业家、经理人、政治家、律师等，这里曾数次召开财富论坛和其他行业巅峰会议。
- 岛屿 C：现代、秩序井然的岛屿。岛上建筑十分现代化，是进步的都市形态，以完善的户政管理、地政管理、金融管理见长。岛民个性冷静保守，处事有条不紊、善于组织规划、细心高效。

请思考：

我最想前往的三个岛屿的名称：＿＿＿＿　＿＿＿＿　＿＿＿＿

岛屿的标志物及其含义：＿＿＿＿＿＿＿＿＿＿＿＿＿＿＿＿＿＿＿＿

岛屿的关键词：＿＿＿＿＿＿＿＿＿＿＿＿＿＿＿＿＿＿＿＿＿＿＿＿

请结合实际分析：

（1）我为什么会选择这三个岛屿？

_____

_____

_____

_____

(2)什么样的行为可以切实地认清自己的兴趣？

_____
_____
_____

二、霍兰德职业兴趣六角形模型

霍兰德职业兴趣六角形模型如图 3-1 所示。

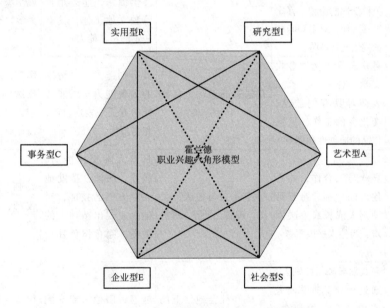

图 3-1　霍兰德职业兴趣六角形模型

霍兰德职业兴趣六角形模型明确地告诉人们，六种兴趣类型相互之间的关系是固定的。六角形中有三类关系：一类是相邻关系，如 RI、IA、AS、SE、EC、CR、IR、AI、SA、ES、CE、RC，属于这种相邻关系的两种类型之间共同点比较多，如实用型 R 和研究型 I 的人，都不太偏好人际交往；一类是相隔关系，如 IS、IC、AE、AR、SC、ER、SI、CI、EA、RA、CS、RE，属于这种相隔关系的两种类型之间共同点比相邻关系的共同点少；一类是相对关系，即对角线，如 RS、IE、AC、SR、EI、CA，相对关系之间共同点更少。

三、霍兰德职业兴趣类型与职业倾向

霍兰德职业兴趣类型与职业倾向如表 3-1 所示。

表 3-1　霍兰德职业兴趣类型与职业倾向

类型	喜欢的活动	重视	职业环境要求	典型职业
实用型 R（Realistic）	用手、工具、机器制造或修理东西。愿意从事实物性的工作、体力活动，喜欢户外活动或操作机器，不喜欢在办公室工作	具体实际的事物，诚实，有常识	能够使用手工或机械技能对物体、工具、机器、动物等进行操作，与"事物"工作的能力比与"人"打交道的能力更重要	园艺师、木匠、汽车修理工、工程师、军官、兽医、足球教练员
研究型 I（Investigative）	喜欢探索和理解事物，喜欢学习研究那些需要分析、思考的抽象问题，喜欢阅读和讨论有关科学性的论题，喜欢独立工作，对未知问题的挑战充满兴趣	知识、学习、成就、独立	能够分析研究问题、运用复杂和抽象的思考创造性地解决问题，谨慎缜密，能运用智慧独立地工作，具有一定的写作能力	实验室工作人员、生物学家、化学家、心理学家、工程设计师、大学教授
艺术型 A（Artistic）	喜欢自我表达，喜欢文学、音乐、艺术和表演等具有创造性、变化性的工作，重视作品的原创性和创意	有创意的想法，自我表达，自由，美	具有创造力，对情感的表现能力，以非传统的方式来表现自己；相当自由、开放	作家、编辑、音乐家、摄影师、厨师、漫画家、导演、室内装潢设计师
社会型 S（Social）	喜欢与人合作，关心他人的幸福，愿意帮助别人成长或解决困难，为他人提供服务	服务社会与他人，公正，理解，平等，理想	具有人际交往能力，教导、医治、帮助他人等方面的技能，对他人表现出精神上的关爱，愿意担负社会责任	教师、社会工作者、牧师、心理咨询师、护士
企业型 E（Enterprising）	喜欢领导和支配别人，通过领导、劝说他人或推销自己的观念、产品而达到个人或组织的目标，希望成就一番事业	经济和社会地位上的成功，忠诚，冒险精神，责任	能够说服他人或支配他人的能力，敢于承担风险，目标导向	律师、政治运动领袖、营销商、市场部经理、电视制片人、保险代理
事务型 C（Conventional）	喜欢固定的、有秩序的工作或活动，希望确切地知道工作的要求和标准，愿意在一个大的机构中处于从属地位，对文字、数据和事物进行细致有序的系统处理以达到特定的标准	准确、有条理、节俭、盈利	具有文书技巧、组织能力、听取并遵从指示的能力，能够按时完成工作并达到严格的标准，有组织有计划	文字编辑、会计师、银行家、办事员、税务员、计算机操作员

第三节　探索自己感兴趣的职业

一、职业兴趣代码

霍兰德还有一个研究成果，即每个人测评获得的职业兴趣代码可以进行排列组合，排列组合后的职业兴趣代码仍然是自己的职业兴趣代码。

课堂活动

（1）在附录2《霍兰德职业索引》中找出自己感兴趣的至少十种职业。

职业　　　　　　　　　　　　　　霍兰德代码（3个字母）

① _____　　_____
② _____　　_____
③ _____　　_____
④ _____　　_____
⑤ _____　　_____
⑥ _____　　_____
⑦ _____　　_____
⑧ _____　　_____
⑨ _____　　_____
⑩ _____　　_____

（2）请写出说说选择这十种职业的理由。

_____
_____
_____
_____
_____
_____
_____

从日常行为中探索自己的职业兴趣

请具体、详细地回答下列问题,如有可能,请与一位同伴互相讲述自己对这些问题的思考和回答。同伴可以提问、帮助讲述人发掘细节和原因。这个练习的目的是帮助你回忆并梳理日常生活中有关个人兴趣的一些代表性事件,提高自我觉察能力。

(1)请列举出三种你非常感兴趣的职业(摒除所有现实的考虑)。并列举出这些工作中吸引你的特征。

_____
_____
_____

(2)请回忆三个令你感到快乐(满足)的经历。请仔细地描述这三个画面,并写下令你感到如此快乐(满足)的原因。

_____
_____
_____

(3)从小到大你担任过哪些学生干部职务?你喜欢的是哪些职务,不喜欢的是哪些职务?请具体说明原因。

_____
_____
_____

(4)你最崇拜(敬佩)的人是谁?他对你产生了什么影响?你最像他的是什么地方,最不像他的是什么地方?

_____
_____
_____

（5）你最喜欢看哪种杂志？这些杂志中的哪些部分吸引着你？如果你到书店看书，在不仅仅因为学习需要的情况下，你会停留在哪类书的书架前？

_____
_____
_____

（6）除了单纯的娱乐放松以外，你最喜欢看哪些类型的电视节目？请写出吸引你的原因。

_____
_____
_____
_____

（7）你喜欢浏览哪种类型的网站？你喜欢看网站的哪部分内容？它们属于哪个专业？

_____
_____
_____

（8）休闲的时候，如果只是出于兴趣的考虑，你最想做什么或学什么？请写出吸引你的原因。

_____
_____
_____

（9）你最喜欢的科目是什么？为什么？

_____
_____
_____

（10）你在生活中会因为做哪些事情全神贯注而忘了时间？

_____

_____

_____

请思考：

（1）十个问题的答案里的共同点：_____

（2）可以归纳的主题或者关键词：_____

（3）这些主题或关键词和霍兰德职业兴趣类型相对应的有哪些？

_____

_____

_____

_____

（4）你怎样做才能让这样的主题在你今后的职业生涯中得到更充分的彰显？

_____

_____

_____

推荐阅读

书籍：《牧羊少年奇幻之旅》，保罗·柯艾略，北京十月文艺出版社。

第四章 技能探索

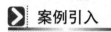 案例引入

两位学生的生涯困惑

小赵是一名大一新生,入学几个月了,她一直都生活在困惑中。小赵从小学到高中一直住在家里,很渴望集体生活,大学的六人间宿舍让她很兴奋。但入学不长时间小赵就感觉自己很不适应,常常和舍友会因为一些小事发生口角,相处并不融洽,她也在思考,大学生活刚刚开始,她该怎么办?

小李是大二计算机专业的学生,家里经济条件比较困难,所以想珍惜时间好好学习,本科毕业后就工作以减轻父母的负担。他对自己大一的考试成绩还是比较满意的。但是成绩好就代表自己强了吗?看到一些同学会干很多事,他很羡慕,也特别想提高自己的动手能力。可是应该提高哪些方面的动手能力呢?怎么做才能提高呢?小李陷入了苦苦的思索,显得很是无奈。

请思考:
写出自己现在最大的两个困惑,并提出应对的解决办法。

_____

_____

_____

第一节 用人单位看重什么能力

能力的概念,是在美国著名的组织行为研究者大卫·麦克利兰(David McClelland)提

出"能力素质"概念之后逐步发展起来的。

能力是一种看不见、摸不着，必须借助外在活动才能表现出来的素养，所以总是要和人的生活、学习、工作及各种各样具体的活动联系在一起的，而且每个人的能力都有所侧重，侧重的内容是在具体的活动或者任务中被体现、被证实、被认可的。在职业生涯发展中，清楚了解自己的能力是十分重要的事情。

一个人作用的发挥是其综合能力的体现。因此，用人单位会根据需求岗位的实际情况有针对性地筛选能够胜任工作的求职者。同时，招聘单位对求职者共性能力的要求也是显而易见的。

山东省人才局通过对200多家单位的人事主管的调查发现，他们在挑选大学毕业生时，看重的因素依次是责任心、团队协作精神、进取心、灵活应变能力、表达能力、独立性、自信心、承受压力的能力、待人接物能力、在专业领域的特殊才能。

《北森2017~2018中国企业招聘指数（BRI）报告》的调查数据显示，企业在选聘员工时呈现出的特点同样有明显的共性。

企业关注的求职者具备的素质前四位是认真负责、团队合作、学习能力和抗压能力。对待工作的态度认真负责，具备良好的学习习惯和学习意愿，愿意与他人合作完成工作，遇到困难不退缩，这大概是企业对毕业生最真实的期待。

除此之外，**坚韧性、沟通能力、积极主动、适应转变、高效执行、严谨细致**依次列于企业最期待毕业生具备的胜任力的后六位。

由此可见，用人单位喜欢综合能力强的毕业生。

另一项调查也表明了用人单位看重求职者的综合素质。用人单位招聘求职者看重的条件占比如图4-1所示。

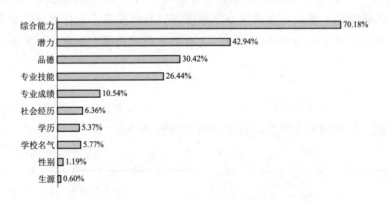

图4-1 用人单位招聘求职者看重的条件占比

请思考：
如果你是来为单位招聘人才的，你会看重求职者的哪些综合能力？

第二节 能力与职业的关系

一、冰山模型

冰山模型是麦克利兰于1973年提出来的一个著名的模型，如图4-2所示。冰山模型将人员个体素质的不同表现形式划分为表象的"冰山以上部分"和潜在的"冰山以下部分"。

其中，"冰山以上部分"包括基本知识、经验和技能，是外在表现，是容易了解与测量的部分，相对而言也比较容易通过培训来改变和发展。而"冰山以下部分"包括价值观、态度、自我形象、个性、品质、内驱力和社会动机等，是内在的、难以测量的部分。它们不太容易通过外界的影响而得到改变，但却对人员的行为和表现起着关键作用。

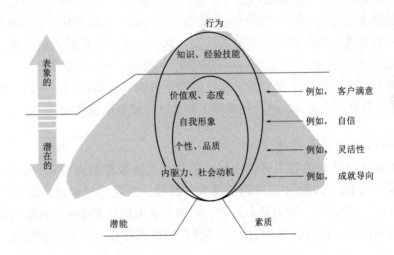

图4-2　冰山模型

"冰山表象部分"与工作所要求的直接资质有关，我们能够在比较短的时间使用一定的手段进行测量。可以通过考察资质证书、考试、面谈等具体形式来测量。

"冰山潜在部分"往往很难度量和准确表述，又少与工作内容直接关联。只有个体的主观能动性变化影响到工作时，其对工作的影响才会体现出来。考察这些方面的东西，每个管理者都有自己独特的思维方式和理念，但往往因其偏好而有所局限。管理学和心理学有着一些测量手段，但往往因复杂不易操作或测量效果不够准确而没有被采用。

请思考：
　　你的优势和弱势分别是什么？

如何巩固优势，改善弱势？

_____

_____

_____

二、能力的分类

人的能力按照其获得方式的不同，可分为能力倾向和技能两种类型。

能力倾向是指天生具有的特殊才能，即天赋，如音乐、运动能力等。不过也有可能因为未被开发而荒废，它是一种潜能。

技能是指经过后天学习和培养而形成的能力，如阅读、人际交往、表达等能力。

能力倾向需要通过技能表现出来被人认知、认可，人们常说某人能力强，实际说的是某人的技能强。

个人的能力水平往往是由能力倾向和技能两个方面共同构成的。例如，要成为一名伟大的画家，除了具有艺术天分以外，还需要不断地练习获得绘画技能。

1. 能力倾向的分类及含义

关于人的天赋，传统的智力理论通常以语言能力和数理逻辑能力为整体评判的标准，也就是人们常说的 IQ。1983 年，美国哈佛大学教授、发展心理学家加德纳（Gardner）提出了多元智力论。他认为，智力是多元的，即智力是由同样重要的多种能力而不是一种或两种核心能力构成的，而且各种能力不是以整合的形式存在，而是以相对独立的形式表现出来的。

加德纳的研究表明，人类至少有七种不同的智力，分别是言语—语言智力、逻辑—数理智力、视觉—空间智力、音乐—节奏智力、身体—动觉智力、交往—交流智力、自知—自省智力。

加德纳的多元智力理论告诉我们：对于世界上的每一个人来说，不存在谁更聪明的问题，只存在不同个体在哪个方面聪明的问题。每个人都是独特的。正如中国古人所言："天生我材必有用"，如果个人能将自己独特的天赋充分发挥出来，那么，每个人都是出色的。

2. 技能的分类及含义

辛迪·梵（Sideny Fine）和查理德·鲍尔斯（Richard Bolies）将技能分为三种类型：专业知识技能、可迁移技能和自我管理技能。

（1）**专业知识技能**是指那些需要通过教育或者培训才能获得的特殊能力，也就是个人所学习的科目，所懂得的知识，常常与自己所学的专业或工作内容直接相关，具有不可迁移性，必须经过专门的、有意识的培训才能掌握。它们常常与我们的专业学习或工作内容直接相关。例如，英语专业毕业的学生去做医生，有人敢去看病吗？显然不敢，因为知识的不可迁移性，没有学过医学的学生并不具备医学专业知识，专业知识技能是不可迁移的。

对于大学生而言，掌握更多的专业知识技能，学会技能组合，在进行职业选择时会更具有竞争力，也更有可能高质量地完成好工作。

（2）**可迁移技能（也称通用性技能）**是指一个人会做的事，一般用动词来表述，如教学、组织、说服、设计、安装、帮助、计算、考察、分析、搜索、决策、维修等。它们可以从生活中的方方面面得到发展，还可以迁移应用于不同的工作之中。专业知识技能的运用都是在可迁移技能基础之上的，是用人单位考察你能否胜任工作的最重要的内容。

（3）**自我管理技能（也称适应性技能）**是指受教育者依靠主观能动性按照社会目标，有意识、有目的地对自己的思想、行为进行转化控制的能力，它反映一个人为人处世的态度和个性品质，用副词或形容词来表述。良好的自我管理技能可以帮助我们很快适应新的环境，因此也被称为适应性技能。自我管理技能可以从非职业领域转换到职业领域，良好的自我管理技能是职业生涯发展、成功所需要的品质。

三、能力与职业的关系

当个人的能力与工作需求的能力相近时，人最容易发挥自己的潜能，并且获得职业的满足，职业的发展也会比较持久。

当个人的能力比工作需求的能力小时，可能不会按时高质量地完成工作任务，人就会感到焦虑，甚至产生挫败感，职业的发展可能受挫。

当个人的能力比工作需求的能力大时，人就会感到工作缺乏挑战，比较乏味，职业的稳定性可能比较差。

如果探索到了自己擅长的能力，就可以去寻找相对应的工作，例如，擅长与物打交道者，就可以选择如制图、建筑、机械制造等工作；擅长与人打交道者，就可以选择如记者、教师、推销员等工作；喜欢从事助人的事，就可以选择如医生、律师、咨询、学生辅导员等工作；擅长抽象创造性的事，就可以选择如经济分析、社会调查等工作；擅长用脑进行科学研究，就可以选择如数学研究、物理研究、材料研究、海洋研究、医药研究等工作。

由此可见，在进行职业生涯规划时，找到自己喜欢的、擅长的、又有可能在工作中使用的技能是人生幸福的重要因素。

请思考：
请举出一个用自己的能力完成了的有成就感的实例。

_____

_____

_____

第三节 探索能力的思路和方法

有些事我们可以在极短的时间里轻松地做完，而有些事无论我们怎么努力，其结果都令人很不满意。有人希望自己能像刘翔一样，可是无论怎么刻苦训练也没有机会参加体育赛事。这究竟是怎么回事？这是由于每个人的天赋不同，社会背景不同，特别是受教育的机会不同，所以每个人各方面能力的发展和表现就会有所差别。如果我们能早点了解自己各方面已经具有的能力和能力发展的状况，在规划自己未来职业时考虑到这些因素，就可以扬长避短，发挥潜能，提高成功的概率。

一、知识技能自我探索

1. 了解自己已经具有的知识技能

对下面的经历进行分析，尽可能全面地列出你所掌握的知识技能，再从中挑选出你自己感觉比较精通的和你在工作中已经在应用或希望应用的知识技能，最后列出对你来说最重要的五项知识技能。

（1）从学校课堂系统的学习中获得的知识技能有哪些？

_____
_____

（2）在工作（包括兼职和暑期工作）中学到的知识技能有哪些？

_____
_____

（3）参加课外培训、辅导班、研讨班时学到的知识技能有哪些？

_____
_____

（4）自学获得的知识技能有哪些？

_____
_____

（5）资格认证过程中参加培训时获得的知识技能有哪些？

_____
_____

（6）在业余爱好、社团活动中获得的知识技能有哪些？

_____
_____
_____

盘点自己的知识技能：
（1）从前面的探索中汇总自己已经具有哪些知识技能？

_____
_____
_____

（2）从已具有的知识技能中列出自己最擅长的五项知识技能，并说明你是如何应用的。

_____
_____
_____
_____

2. 学习不具备的知识技能

你希望具备但目前还没有熟练掌握或者不具备的知识技能有哪些？你准备通过何种途径、在何时获得？

_____
_____
_____

二、可迁移技能探索

1. 了解自己已经具有的可迁移技能

（1）自己会做什么？

_____
_____
_____

（2）请用 5~10 个行为动词概括自己的工作能力。

_____

_____

_____

（3）参加过哪些社会实践活动或实习，从中学会了什么？

_____

_____

_____

（4）从表 4-1 中寻找自己具备的可迁移技能，并列写在下面横线上。

表 4-1　可迁移技能（通用技能）词汇表

照顾	指导	执行	运送	建设	适应	制图	联系	管理	控制	分类	烹调	展示
劝告	打扫	协调	攀登	草拟	分析	训练	绘制	预测	收集	联络	发现	着色
咨询	驾驶	计数	编辑	创造	授予	装配	培养	鼓励	申请	领会	加强	协助
代表	审核	计算	证明	建立	权衡	集中	设计	详述	评估	美化	探测	预算
教学	组织	说服	帮助	计算	考察	搜索	决策	维修	拆卸	纠正	安排	装载
调和	概念化	讨价还价……										

_____

_____

_____

_____

盘点自己的可迁移技能：

（1）从前面的探索中汇总自己已经具有的可迁移技能有哪些。

_____

_____

_____

_____

（2）从已经具有的可迁移技能中找出自己最擅长的五项，并说明自己是如何应用的。

_____
_____
_____

2. 了解自己不熟练或不具备的可迁移技能

你希望具备但目前还没有熟练掌握或者不具备的可迁移技能有哪些？你准备通过何种途径、在何时获得？

_____
_____
_____

三、自我管理技能探索

1. 了解自己已经具有的自我管理技能

（1）请用五个词描述自己的优点，并说明选择这些词的原因。

_____
_____

（2）在父母、老师眼里，你是一个什么样的人？请举例说明。

_____
_____

（3）你的同学、朋友通常怎么评价你？请举例说明。

_____
_____

（4）通常，你给周围人留下的深刻印象是什么，为什么是这样的印象？

_____
_____
_____

(5) 表 4-2 中寻找自己已有的自我管理技能，并列写在下面横线上。

表 4-2 自我管理技能（适应性）词汇表

诚实	正直	自信	开朗	合作	耐心	细致	慎重	认真	负责	灵活	幽默	友好	真诚	热情	投入
高效	冷静	严谨	踏实	主动	豪爽	勇敢	忠诚	直爽	执着	机灵	感性	善良	大度	随和	聪明
稳重	热心	感恩	朴实	机智	敏捷	活泼	伶俐	公正	宽容	勤奋	镇定	坦率	慷慨	清晰	明智
坚定	乐观	果断	独立	成熟	谦虚	理性	周详	客观	平和	积极	坚强	敏锐	亲切	有创意	
有激情	有条理		想象力丰富		坚忍不拔		足智多谋		精力旺盛……						

_____
_____
_____
_____

盘点自己的自我管理技能：

（1）从前面的探索中汇总自己已经具有的自我管理技能，并列写在下面横线上。

_____
_____
_____
_____

（2）从已经具有的自我管理技能中找出自己最擅长的五项自我管理技能，并说明自己是如何应用的。

_____
_____
_____
_____

2. 了解自己未熟练掌握或不具备的自我管理技能

你希望具备但目前还没有熟练掌握或者不具备的自我管理技能有哪些？你准备通过何种途径、在何时获得？

_____
_____
_____

3. 了解自己需改进的自我管理技能

找出你自己需要改进的自我管理技能（如自卑、缺乏主见、懒散、被动等），并说明准备通过什么途径改变、何时见效。

_____

_____

_____

课堂活动

撰写成就故事

成就故事是自己在工作、生活、人际交往和矛盾处理等经历中的感受，或者是对做某件事获得的结果感到自豪的体验。

用 STAR（Situation，Task，Action，Result）法则撰写成就故事。

Situation: 事情是在什么情况下发生的；Task: 你是如何明确自己的任务的，自己的任务是什么；Action: 针对自己任务中的困难、问题、障碍、困惑等，你使用了什么技能去解决；Result: 任务完成的效果如何，自己收获了什么等。

STAR 法则，是一个在简历制作和面试中被广泛使用的法则，一种讲述自己故事的方式。招聘者用此法则可以收集面试者与工作相关的具体信息和能力，可以更精确地预测面试者未来的工作表现；求职者用此法则写简历或向面试官讲故事，可以突出自己的核心竞争力。

（1）请列写出三则你自己的成就故事，并进行分析。

①成就故事一：

_____

_____

请分析出这个故事中包含的知识技能、可迁移技能和自我管理技能词语。

_____

②成就故事二：

_____

请分析出这个故事中包含的知识技能、可迁移技能和自我管理技能词语。

③成就故事三：

请分析出这个故事中包含的知识技能、可迁移技能和自我管理技能词语。

（2）列写出三个故事中重复出现的技能词语。

请思考：
（1）重复出现的这些技能词语说明了什么？

（2）请列写十种自己喜欢的、擅长的技能可以胜任的工作，并按胜任度优先排序。

 推荐阅读

书籍：《拆掉思维里的墙》，古典，中国书店出版社。

第五章　价值观探索

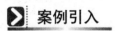 案例引入

频繁换岗的小张

　　小张是西安某重点高校数学与应用数学专业的毕业生。他是一个特立独行、有思想、绝不按部就班的人。大学毕业后,他的第一份工作是中学教师,尽管教学没有问题,可学校总认为他独特的处事方式不适合教师这个职业。他自己也觉得作为老师不能实现自我价值。

　　于是小张考取了国防科技大学的硕士研究生,学习导弹作战与指挥专业。毕业后去了部队工作。在部队精减人员时,作为技术干部的他本来不会受影响,但由于他的个性与军队文化的冲突,最后不得不复员。

　　他转业到地方法院系统,被安排在自己家乡的法院工作。当法院了解他的个性后,干脆不给他安排具体的工作,他就只能赋闲在家。后来他又考取了中国科技大学的博士研究生,毕业后进入了一家科研院所,从事研究工作。现在他工作得心应手,单位对他很满意,小张自己感觉很愉快同时又满足,很喜欢这份工作。

请思考:

(1) 小张的职业变化说明了什么?

_____

_____

(2) 从小张的经历中你受到的启示是什么?

_____

_____

第一节 价值观相关概述

价值观是指一个人对周围客观事物（包括人、事物）的意义、重要性的总评价和总看法。一方面表现为价值取向、价值追求以及由此凝结的价值目标；另一方面表现为价值尺度和准则。

简而言之，价值观就是我们在生活和工作中所看重的原则、标准或品质。它指向我们一生中最重要的东西，因此它也是一套自我激励机制。

一个人对周围客观事物的评价和看法，在自己心目中的轻重、主次排序，就形成了一个人的价值体系。价值观受制于人生观和世界观。一个人的价值观是从出生开始，在家庭和社会环境的影响下，逐渐形成的，一旦形成，便具有相对稳定性。由于环境和人员的变化特别是社会的发展变化，人的价值观也会不断发生变化。新出现的价值观会不断冲击传统价值观。拥有不同价值观和价值体系的人会产生不同的态度和行为。

价值观对一个人的决策发挥着至关重要的作用：当自己遇到巨大挫折时，价值观是自己内心坚固的支撑点，帮助自己迅速重树信心。让我们了解对于自己来说生命中什么是最重要的，让我们对生命的诸方面确定一个优先次序，建立一个平衡，找到此时、此处最佳的一个平衡点。

请思考：
在你人生经历中遇到的一件很具有挑战性的事情是什么？自己是依靠什么坚持了下来？留给自己印象最深的是什么？

_____
_____
_____
_____
_____

一、马斯洛需求层次理论

马斯洛需求层次理论是行为科学的理论之一，由美国心理学家亚伯拉罕·马斯洛（Abraham Maslow）于1943年在《人类激励理论》一文中提出的。书中将人类需求像阶梯一样从低到高按层次分为五种，分别是生理需求、安全需求、社交需求、尊重需求和自我实现需求。马斯洛需求层次理论如图5-1所示。

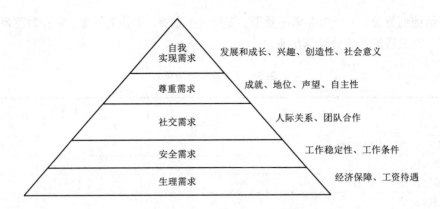

图 5-1 马斯洛需求层次理论

人都潜藏着这五种不同层次的需要,但在不同的时期表现出来的对各种需要的迫切程度是不同的。人的最迫切的需要才是激励人行动的主要原因和动力。人的需求的满足是从外部逐渐向内在的转化。

二、个人价值观探索方法介绍

个人价值观探索的方法分为案例法和问卷法两种。

1. 案例法

(1) 请举一个道德模范的案例。

_____
_____

(2) 这位道德模范的价值追求是什么?

_____
_____

(3) 为什么会选用这个案例?这个案例与自己的价值追求有什么关系?

_____
_____

2. 问卷法

表 5-1 是人生价值清单,上面罗列了一些选项,现在,请根据这些选项在你生命中的

重要程度给他们打分，1 分为非常不重要，2 分为不重要，3 分为一般，4 分为重要，5 分为非常重要。完成后请将总分计算出来。

表 5-1　人生价值清单

序号	选项	重要程度				
		1	2	3	4	5
1	有一个幸福美满的家庭					
2	赚大钱					
3	健康而长寿					
4	持续学习					
5	有一些知心朋友					
6	从事自己感兴趣又可发挥专长的工作					
7	有一栋舒适又漂亮的房子					
8	成为国家公务员					
9	有充裕的金钱和休闲时间					
10	拥有完美的爱情					
11	和喜欢的人长久相伴					
12	拥有自己的公司					
13	到处旅游、体验不同的生活方式					
14	成立慈善机构、服务他人					
15	享受结交新朋友的乐趣					
16	工作富有挑战性和创造性					
17	成为名人					
18	能随心所欲地布置自己的环境					
19	生活无拘无束					
20	具有一定的社会声望					

请思考：

（1）这一生对你来说最重要的三个选项是什么？为什么这样选？

_____

_____

（2）假如只能留下一个选项，你会选什么？为什么？

_____

_____

（3）请按重要性优先排序列出五种能够实现这些选项的职业。

_____

_____

第二节 职业价值观概述

职业价值观是人生观、世界观在职业问题上的反映。

生涯大师舒伯认为,职业价值观是个人追求的与工作有关的目标,亦即个人在从事满足自己内在需求的活动时所追求的工作特质或属性,它是个体价值观在职业问题上的反映。理想、信念、世界观对于职业的影响,集中体现在职业价值观上。

职业价值观也称为职业锚（Career Anchor Theory）,或职业定位。

职业锚理论产生于在职业生涯规划领域具有"教父"级地位的美国麻省理工学院斯隆商学院的埃德加·H·施恩(Edgar. H. Schein)教授领导的专门研究小组,是在对该学院毕业生的职业生涯研究中演绎成的。斯隆管理学院的44名MBA毕业生,自愿形成一个小组接受施恩教授长达12年的职业生涯研究,包括面谈、跟踪调查、公司调查、人才测评、问卷等多种方式,最终分析总结出了职业锚理论。

1. 职业锚的定义

从职业生涯规划的角度来看,大学生需要结合自己的兴趣需要、价值观与影响职业定位的因素,合理地分析适合自己的职业与工作,思考相应的职业定位观、人生价值定位观和职业岗位价值定位观。职业锚是指对自己来说比较适合的,将来要去从事的职业类型,选择职业目标,并为此采取各种行动的过程。

职业锚与职业选择是有区别的。职业定位是自己未来工作的理想,而职业选择是求职应聘的过程,受到时间、条件等的限制,所选择应聘的工作不一定是理想的职业。

2. 职业锚的类型

在分析了自己的需要、兴趣能力、气质性格、所学专业和自己所处的组织环境、社会环境以后,接下来要做的就是为自己选定一条职业发展方向,是向职业技术方向发展,还是向行政管理方向或者自主创业方向发展。不同的职业定位对从业者的素质要求不同,发展目标也不同,所以首先要"定向"。方向定错了,就会南辕北辙,距离目标越来越远。

美国麻省理工学院斯隆管理学院教授埃德加·施恩提出的职业锚理论在美国社会心理学界和组织行为学界有着广泛而深入的影响。他认为职业锚是个人的长期职业定位,由三部分构成:第一部分是认识到的自己的才干和能力(以实际成功经历为基础);第二部分是认识到的自我动机和需要(以自我感知和他人反馈为基础);第三部分是认识到的自己的态度和价值观。职业锚要通过个人的职业经验逐步稳定、内化,当个人面临多种职业选择时,职业锚是其最不可能放弃的职业意向。

职业锚分为八种。

技术/职能型（Technical/Functional）；

管理型（General Managerial）；

自主/独立型（Autonomy/Independence）；

安全/稳定型（Security/Stability）；
创造/创业型（Entrepreneurial/Creativity）；
服务/奉献型（Service/Dedication to a Cause）；
挑战型（Pure Challenge）；
生活型（Lifestyle）。
请选出你最看重的1～3个职业锚（按重要性优先排序），并写出理由。

_____

_____

_____

职业锚理论显示，职业价值观是人们选择和发展自己的职业时所围绕的中心，是指当一个人不得不做出选择的时候，无论如何都不会放弃的职业中的那种至关重要的东西或价值观，是自我意向的一个习得部分。

职业价值观没有好坏，是人们依据自身和社会的需要对待职业、职业行为和工作结果的稳定而具有概括性和动力作用的一套信念系统。它不但决定了人们的择业倾向，而且决定了人们的工作态度。它是个体在长期的社会化过程中所获得的关于职业经验和职业感受的结晶，它是属于个性倾向范畴的概念，会随着社会和环境的变化而变化。

我们的价值观到底是什么？我们在职业中所追求的原则和品质又是什么？请阅读下面的案例，并完成后面的思考。

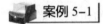 案例 5-1

张瑞敏砸电冰箱的故事

1985 年，张瑞敏刚到海尔（当时海尔还是青岛电冰箱总厂）。一天，一位朋友来买一台冰箱，结果挑了很多台都有毛病，最后勉强拉走一台。朋友走后，张瑞敏派人把库房里的 400 多台冰箱全部检查了一遍，发现共有 76 台存在各种各样的缺陷。张瑞敏把职工们叫到车间，问大家怎么办？多数人提出，也不影响使用，便宜点儿处理给职工算了。当时一台冰箱的价格 800 多元，相当于一名职工两年的收入。

张瑞敏说："我要是允许把这 76 台冰箱卖了，就等于允许你们明天再生产 760 台这样的冰箱。"他宣布，这些冰箱要全部砸掉，谁干的谁来砸，并抡起大锤亲手砸了第一锤！很多职工砸冰箱时流下了眼泪。

然后，张瑞敏告诉大家——有缺陷的产品就是废品。三年以后，海尔人捧回了中国冰箱行业的第一块国家质量金奖。

（资料来源：百度文库）

请思考：

从张瑞敏砸冰箱的故事中你发现了什么或者可以借鉴什么？

_____
_____
_____

第三节 寻找自己的职业价值观

俗话说："人各有志。"这个"志"表现在职业选择上就是职业价值观，职业价值观在一个人职业发展过程中起着重要的作用，需要认真地澄清然后再进行职业选择。

如果职业价值观不清晰，那么在求职时就会遇到很多困惑。请阅读如下案例并完成后面的思考。

案例 5-2

我该去哪个单位工作

小王大四下学期得到了两家企业的录用。一家是大中型国有企业，稳定，工作较清闲，收入不错，但他刚进去是基层岗位，职位晋升较慢。另一家是中小型民企，由于企业发展的需求和人才缺乏，经理希望对他委以重任，刚进去时可能压力较大，小王觉得对个人能力提升和成长有帮助。但父母不希望他太累，希望他去国企。他一时难以抉择。

请思考：

（1）如果你是小王，会选择去哪个单位工作？

_____
_____

（2）你选择去该单位工作的理由是什么？

_____
_____

（3）你的职业价值观可以在哪些职业中实现？

_____
_____

一、价值观的澄清

大学阶段是每位同学探索和澄清自己价值观的重要时期,但受外界复杂因素的影响,澄清价值观并不容易,甚至有人在大学毕业乃至毕业数年之后,都不清楚自己最看重的标准、原则和品质,而这些价值观恰恰是我们做重大决策时的依据,所以在大学期间要不断地探索和澄清自己的价值观。

价值观澄清从三个方面进行。

(1)选择——从若干个选项中进行选择,是考虑了后果之后的选择,是自己内心深处的呼唤而非外界因素的影响或左右。

(2)态度——是否为选择结果感到自豪,是否愿意向外界公开自己的选择?

(3)行动——理论上的选择与行动是否一致,是否始终如一,如果不一致,是改变行动还是改变选择?

请阅读如下案例并完成后面的思考。

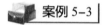
案例 5-3

我该怎么办

小敏是某大学涉外秘书专业的应届毕业生,她性格活泼开朗,有主见,喜欢有挑战性的工作;在校期间,品学兼优,是学生会的一名主要干部。在参加校园招聘会时,她很幸运地被广州一家知名的民办学校录取,职位为该校办公室主任,待遇不错。在外人看来,这是一件非常好的事情。可是当学校让她去签约时,她却犹豫了。下面是她与刘老师的一段对话。

小　　敏:老师,我不知道该怎么办?

刘老师:你当初为什么去面试?

小　　敏:父母都喜欢我当老师,而且我也想去试试自己的实力,所以一时冲动就去了。

刘老师:你觉得自己喜欢做什么?

小　　敏:我喜欢做一些有挑战性的工作。

刘老师:比如……

小　　敏:比如策划工作……

刘老师:你知道父母为什么喜欢你当老师?

小　　敏:因为学校在广州,有名气,收入高;同时他们认为教师工作稳定,对女孩子来说比较适合。

刘老师:你认为不是吗?

小　　敏:我不在乎工作地点,我不喜欢天天做同样的工作。

刘老师:你认为当老师会快乐吗?

小　　敏:我想我会闷死的。

刘老师:你究竟是愿意为别人活着还是为自己活着?

小　　敏:当然是为自己。

刘老师：现在该知道怎么办？

小　敏：知道了，谢谢老师。

小敏没有去学校签约，一个多月后，她在海南找到了一家并不出名的公司，尽管收入没有学校高，但这是一家成长中的企业，有很多学习和发展的机会。工程部行政助理的职位也是吸引她的因素之一，她很满足。

请思考：

（1）小敏回答刘老师说"知道了"，她知道了什么？

_____

_____

（2）小敏在工作中追求的是什么？

_____

_____

二、寻找自己职业价值观的方法

寻找自己职业价值观的方法主要有自我激励法、联想法、榜样解析和价值观市场活动这四种方法。

1. 自我激励法

通过预想自己成功时的情景，激发自己的动机，进而发现自己在职业中最看重的原则、标准和品质，即职业价值观。假如自己很成功，80岁生日宴会上会是什么样的场景呢？请回答一下问题。

我的 80 岁生日宴会

假如今天是你80岁生日，在座的各位都是从世界各地赶来为你庆祝生日的亲朋好友，当人们谈到你的时候，都非常羡慕你的人生。

（1）你最希望得到人们关于哪些方面的称赞？

_____

_____

（2）在他们看来，伴随你人生的关键词有哪些？

_____

_____

(3)在宴会上你对自己前80年的人生,特别是职业生涯做个总结,你会说什么,为什么会看重这些?

_____

_____

2. 联想法

使用头脑风暴法,不去考虑对错,发散思维地进行关于职业的联想,通过联想发现自己的职业价值观。让我们进行一分钟联想吧!

有关"工作"的一分钟联想

写下"我希望做……样的工作",在一分钟的时间内尽可能多地写下你头脑中所联想到的任何短语。

请对写下的短语按照重要性优先进行排序并说明原因。

_____

_____

3. 榜样解析

榜样的力量是巨大的,我们欣赏他们的优秀品质,敬佩他们辉煌的奋斗历程,那么这些优秀品质到底包含哪些内容呢?当我们细细分析时,才会清楚地知道,原来这也是自己一直所求的职业价值观。

请按照重要性优先的顺序列出古往今来你最欣赏或佩服的五个人?然后分别用几个关键词来概括你欣赏或佩服他们的地方。

姓名	欣赏或佩服的地方
(1)_____	_____
(2)_____	_____
(3)_____	_____
(4)_____	_____
(5)_____	_____

请概括出你欣赏或佩服他们的共同点。

_____

_____

_____

请思考：

你为什么会欣赏或佩服他们的这些地方？

_____
_____
_____
_____

4. 价值观市场活动

假如自己的价值观是一个物品可以进行买卖的话，你最不舍得卖掉的物品是什么呢？请从表 5-2 中寻找你非常看重的价值观词汇。

表 5-2 价值观词汇列表

人际关系/归属感 团队合作 物质保障 高收入 稳定 安全 创造性 多样性和变化性 新鲜感 乐趣 自由独立（时间，工作任务） 平等 被认可 受尊重 能帮助他人 能发挥自己的才能 成就感 成功 名誉 地位 有意义 自主独立 有学习/发展/成长的机会 权力（领导/影响他人） 有益于社会 挑战性 冒险性 竞争 符合自己的道德观 工作环境 工作地点 工作与生活的平衡 健康 家庭 朋友 亲情 亲密关系 爱 信仰 自由 幸福 为社会服务 和谐……

（1）请按照重要性优先排序列出十个你非常看重的价值观词汇。

_____
_____
_____

（2）分别写出你对所选择的价值观词汇的理解。

_____
_____
_____

（3）写出你选择最看重的五个价值观词汇的原因。

_____
_____
_____

（4）请按重要性优先排序列出十种可以实现你重要价值追求的职业。

_____
_____
_____

> 课堂活动

附录3 职业价值观测评。

推荐阅读一

海尔20年研讨会张瑞敏发言（摘录）

第一是无为和有为的关系。所谓的无为就是企业的价值观。如果把企业当成一个人的话，它就是灵魂；如果把企业比作一艘船的话，它就是罗盘。在这个无形价值观的指导下，可以产生有形的结果，也就是老子所说的："为无为，则无不治"，即有形的东西生于无形的东西。

但是对企业而言，要做到却非常困难。因为无形的价值观要找准了非常难，要从表面现象中抓到本质，这是很难的。但最难的地方还不在这儿，在于找对了价值观且产生了很好的成果之后，就必须突破自我再找到新的价值观，这是最难的。所以中国有很多家电企业有时也能做到增长得非常快，但过几年就不行了，因为它停留在曾经带来成功的价值观上而没有找到新的价值观。

我举一个例子来说明这个问题。比如：质量管理。海尔从创业初期就开始抓质量管理。当时海尔提出一个价值观："有缺陷的产品就是废品"，现在看来这已经没什么意义，但当时没有人能提出这样的价值观，因为当时是供不应求的时代，所有的产品都要排队来购买，何必还要把质量做到极致呢？但海尔当时想到了，因为海尔要做世界一流的产品就必须保证产品质量，砸冰箱就是为了支持这个价值观。结果到了1988年，海尔人捧回了中国冰箱行业的第一块国家质量金奖。

到了1989年，很多企业开始抓产品质量，但是海尔又提升了一步：从抓产品本身的质量这种狭义的质量提升到一种广义的质量，延伸到服务。其实从生产线下来的产品质量再好，也不是完整的质量，要把产品的质量延伸到用户的家里去。海尔当时在全国第一家提出了星级服务，包括后来的无搬运服务，在全国建了几十个服务中心。在后来的多元化过程中，这个服务中心起了很重要的作用。

而当其他企业也感到应该重视服务，而且也采取了海尔式的具体服务做法时，海尔又开始了新的提升：永远要满足用户的需求，为用户创造需求，满足用户潜在的需求，提出"只有淡季的思想，没有淡季的市场"。例如，我们创造了"小小神童"洗衣机，而且这个产品经过十几代的改进，现在在日本、美国都受到欢迎。我想说的是，企业的理念一定要根据市场的变化不断地提出新的理念，并且总要超前几步来满足用户的需求。

但是不管怎样说，不同理念的提出一定要有一个核心的东西不能变，就是海尔的"真诚到永远"，永远接近用户，与用户零距离来满足用户的需求。

除了质量管理方面，其他方面如多元化、国际化都是遵循这样的规律来做的。

近几年，我们所面临的最大的压力就是信息化和全球化，因为所有的国际化大公司都到中国来了，我们在"为客户找产品，而不是为产品找客户"理念的引导下来应对挑战。我们与客户一起开发市场需求，而不是我拿出产品让客户看着买，双方共同开发产品的结果是可以双赢的。

到现在为止产生的成果是，中国企业目前面临的两大顽症——应收账款和积压库存，对海尔来讲都已经很好地解决了。应对的措施就是继续推进市场链的流程再造，因为它是以订单信息流为中心来带动物流和资金流的运转，必须要不断创造用户需求，与用户零距离接触。如果保持这一点，就能不断从市场上了解用户的抱怨，就会为了创造需求不断提出新的价值观。

（资料来源：海尔 20 年研讨会张瑞敏发言）

推荐阅读二

一辈子专注青蒿素

"呦呦鹿鸣，食野之蒿"。屠呦呦不仅用一株小草改变了世界，而且在 2000 年至今的 27 位国家科技最高奖得主中，创造了好几个"第一"：第一位女科学家、第一位非院士科研人员、第一位诺贝尔奖获得者、第一个"婉拒"多家媒体采访的获奖者。

从她同事的讲述中，我们得以"窥见"其人其事、其心其志。

1969 年 1 月底，39 岁的实习研究员屠呦呦，忽然接到一项秘密任务：以课题组组长身份，研发抗疟疾的中草药。

疟疾是一种由疟原虫侵入人体后引发的恶性疾病，病人高烧不退、浑身发抖，重者几天内死亡。应越南请求，中国军方从 1964 年起开始抗疟药研究。1967 年 5 月 23 日，国家科委和解放军总后勤部在北京召开"疟疾防治药物研究工作协作会议"，代号为"523"项目的大规模药物筛选、研究在全国 7 省市展开。1969 年 1 月 21 日，卫生部中医研究院（中国中医科学院前身）受命加入"523"项目。

屠呦呦的同事、曾任中药研究所所长的姜廷良研究员告诉记者，当时正值"文革"，年老的专家"靠边站"，屠呦呦在北京大学时学生药学，毕业后又脱产学习过两年中医，科研功底扎实，遂被委以重任。

"屠呦呦的责任感很强"，屠呦呦的同事、中药所廖福龙说，"她认为既然国家把任务交给她，自己就要努力工作，一定要做好。"由于丈夫李廷钊被下放到"五七干校"，屠呦呦把不满 4 岁的大女儿送到托儿所全托班，把小女儿送回宁波老家由老人照顾。

阅读中医典籍、查阅群众献方、请教老中医专家……起初，屠呦呦用 3 个月时间，收集了两千多个方药，编辑成《疟疾单秘验方集》，送交"523"办公室。此后至 1971 年 9 月初，屠呦呦和同事对包括青蒿在内的 100 多种中药的水煎煮提物和两百余个乙醇提物样品进行了实验,但结果总令人沮丧:对疟原虫抑制率最高的只有40%左右。

"重新埋下头去,看医书!"终于有一天,东晋葛洪的《肘后备急方》"青蒿一握,以水二升渍,绞取汁,尽服之"给了屠呦呦灵感:温度是关键!屠呦呦重新设计了提取方案,夜以继日进行实验,终于发现:青蒿乙醚提取物去掉其酸性部分,剩下的中性部分抗疟效果最好!1971年10月4日,实验证实,191号青蒿乙醚中性提取物对鼠疟原虫的抑制率达到100%!

"进行临床试验,需要大量的青蒿乙醚提取物。"姜廷良回忆:课题组用大水缸作为常规提取容器,里面装满乙醚,把青蒿浸泡在里面提取试验样品。

"乙醚是有害化学品,当时实验室和楼道里都弥漫着刺鼻的乙醚味道。"姜廷良说,一些人头晕眼胀,甚至出现鼻子流血、皮肤过敏等症状。但当时设备设施简陋,大家顶多戴个纱布口罩,也顾不得许多……

在临床试验前,个别动物的病理切片中发现了疑似毒副作用,只有进行后续动物试验、确保安全后才能上临床。为了不错过当年的临床观察季节,屠呦呦提交了志愿试药报告:"我是组长,我有责任第一个试药!"

1972年7月,屠呦呦等3名科研人员成为首批人体试验的志愿者,幸而未发现该提取物对人体有明显毒副作用。经过多年反复试验和临床试用,1977年,经卫生部同意,课题组以"青蒿素结构研究协作组"名义,在《科学通报》上发表论文,首次向全球报告了青蒿素这一重大原创成果。1986年10月,青蒿素获得卫生部颁发的《新药证书》。

不仅如此。1973年9月,屠呦呦课题组还首次发现了疗效更好的青蒿素衍生物——双氢青蒿素。1992年,青蒿素类新药——双氢青蒿素片获得《新药证书》,并转让投产。

2000年以来,世界卫生组织把青蒿素类药物作为首选抗疟药物,在全球推广。"2005年,全球青蒿素类药物采购量达到1 100万人份,2014年为3.37亿人份。"姜廷良介绍说,世界卫生组织《疟疾实况报道》显示,2000年至2015年期间,全球各年龄组危险人群中疟疾死亡率下降了60%;5岁以下儿童死亡率下降了65%。

近几年,屠呦呦两度实现了中国本土科学家在国际奖项上"零的突破":2011年的拉斯克临床医学奖和2015年的诺贝尔生理学或医学奖。但她公开表示,中医中药走向世界,荣誉属于科研团队中的每一个人,属于中国科学家群体。

(资料来源:《新湘评论》2017年第10期节选)

第六章　工作世界探索

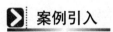 案例引入

我该去哪里呢

　　自从大三第二学期开始，计算机专业的小东就一直被一个问题困扰——毕业后是否回家乡工作。他的父母希望他回到家乡发展，一方面他的父母长期在家乡，工作、生活等方面都可以给小东更多的照顾；另一方面近几年家乡的经济发展迅速，计算机专业的人才需求市场较大，待遇较高。而小东则了解到计算机相关领域发展较好的是北京、上海、深圳、广州等一线城市，他想去这些地方闯一闯，可自己也不确定目前和自己所学专业相关的具体岗位有哪些？这些岗位对个人综合素质方面有哪些要求？万一自己的能力达不到要求，找不到合适的工作怎么办呢？想到这些小东就陷入困扰之中。

请思考：
（1）如果你是小东，离毕业只剩一年多的时间了，你会做些什么？

（2）具体怎么去做呢？

第一节　工作世界认知

保尔·瓦雷里（Paul Valery）曾说，我们这个时代的麻烦就是将来不会是过去那个熟悉的模样。工作世界是大家既陌生又有些熟悉的地方。

说它陌生，是因为我们还没有进入这个世界，对它不了解，不知道自己适合做的事、想做的事在什么地方，工作内容是什么，胜任它需要具有什么样的技能，自己是否适合、是否愿意长时间待下去。

说它熟悉，是因为身边的亲朋好友有工作的，多多少少听说了一些。不过听说的都是别人的经验，不能解决自己的问题。

工作世界是我们每个人都要进入的地方。一个人无论从事什么职业，无论在什么地方从事这个职业，都是在工作的世界里边，没有世外桃源。

很长时间以来，大学本科生、硕士研究生及博士研究生中，尤其是本科生，有不少的人直到临近毕业还在寻思、还在询问：哪些单位会招聘我呢？我会给人家干些什么呢？可能还是继续学习更好些。甚至一些学生迟迟不敢迈出学校大门。这些情况的出现，反映出他们对外面的工作世界缺乏了解，产生了恐惧心理。

因此，积极地、认真地、深入地进行工作世界的探索，有助于消除恐惧感，确保有机会从事自己适合的职业，其具体方法如下。

（1）**寻找比较适合自己的职业环境**。探索工作世界就是对自己要进入的职业环境进行充分的了解。职业环境就是指影响职业选择的一些相关的外部环境。每个人都生活在一定的环境里，其成长与进步都与环境因素息息相关。俗话说"适者生存"，对工作世界进行充分的了解，就是要分析环境的特点、发展变化、与自己的适配度、对自己的不利因素等，来寻找比较适合自己的职业环境。

（2）**开阔视野，进一步认识和了解自己**。在探索工作世界的过程中，会了解到丰富充实、多彩繁杂的信息，通过分析整理，可以对通过自我认知得出的倾向性职业进行实践验证。我们往往会遇到很多的障碍，当遇到问题时，我们不断地思考和寻求解决问题的方法，这个过程中我们也会越来越明晰自己想要什么，清楚自己的职业追求是什么，进一步地认识和了解自己。

（3）**改变一些固有的对职业的认知**。在工作世界探索的过程中，会无形中改变自己对就业难的刻板印象，消除对工作形势严峻程度的刻板印象。

（4）**发现提升自己的相关技能**。在探索工作世界的过程中，大多数情况下是和陌生人打交道，顺利吗？为什么？怎么办呢？一系列问题的解决，我们的沟通、协调、解决问题等能力也会不断提高，为将来胜任工作奠定基础。

（5）**掌握职业选择时恰当定位的依据**。掌握劳动力市场基本现状，寻找可能的应对策略，为职业选择进行恰当定位。

（6）**为正确的职业选择做准备**。清晰全面地了解工作世界信息，了解用人单位要求及工作发展的普遍路径和规律等，从实际出发，结合自身的特点找到适合自己的职业，做出理想的职业生涯决策。

学习预测未来的发展。 了解工作世界的过程及了解到的工作世界的信息,可以帮助我们预测未来可能发生的情况,以便预先做出准备,但也要知道预测的风险所在,并为此做好心理准备。

请思考:

你对工作世界了解吗?你了解到的工作世界的信息有哪些?

_____
_____
_____
_____

第二节 探索工作世界的方法和途径

工作世界就像一片浩瀚的大海,种类繁多,关系错综复杂,相互独立又相互依赖。对工作世界的探索既需要时间,更需要科学有效的方法和渠道。

一、从所学专业了解工作世界

专业是指人类在社会科学技术进步、生产生活实践中,用来描述职业生涯某一阶段、某一人群,用来谋生的长期从事的具体业务作业规范,也指高等学校或中等专科学校根据社会发展的需要设立的学业类别。

我们所学的专业会影响我们的职业规划和选择。专业知识的学习和实践是每位大学生的基本任务,也是我们在大学期间投入精力和时间最多的地方。随着专业知识基础的不断夯实,知识框架的不断构建,我们在专业领域会积累一定的基础,在进行职业规划时,要和专业紧密结合。因此,要想了解所学专业,首先需要了解下列内容。

(1)你所学专业是什么?所修课程有哪些?

_____
_____

(2)获得你所学专业学士学位的人应当有什么样的知识技能、可迁移技能和自我管理技能?

_____
_____

（3）拥有上述能力的人可以从事哪些工作？

_____

_____

（4）你对所学专业是否感兴趣，为什么？

_____

_____

二、从实践中了解工作世界

　　积极争取参加实习（包括打工、参观），深入了解工作世界。实践是验证梦想真实性的关键环节，实习分为顶岗实习和影子实习。实习的过程既可以让自己深入了解职业环境，验证职业库中所列职业是否是自己的真实意愿，还可以拓宽职业视野，探索更多可能性；既可以尽早明确自己适合什么，又可以使用人单位了解自己，实现双赢。

　　你有实习的打算吗？准备何时到什么单位去实习？

_____

_____

三、从生涯人物访谈中了解工作世界

　　生涯人物访谈，是通过与一定数量的职场人士；特别是在自己有倾向性的行业、单位、工作岗位上工作了三年以上的职业人，进行交谈，从而获取关于这个行业、职业和单位内部信息的一种职业探索活动。通过访谈，了解该职业岗位的实际工作情况，获取相关职业领域的信息，进而判断你是否真的对该工作感兴趣，实际上是一次间接、快速的职业体验。

　　你准备访谈谁？他在什么单位？具体是做什么工作的？为什么选他？

_____

_____

_____

四、从会议、报告中了解工作世界

　　招聘会一般由政府所辖人才机构及高校就业中心举办，主要服务于待就业群体及用人单位。它一般分为现场招聘会和网络招聘会，日常所讲的招聘会通常是指现场招聘会；宣讲会一般是指企事业单位在社会公开场合、校园等场所开设与宣传、拓展及招聘相关的主题讲座；人才交流会是指由政府人才交流机构（人才市场或人力资源市场）或具有人才中介服务资质的部门组织的用人单位和求职者面对面洽谈的招聘会。

我们建议大学生从大学一年级就开始参加招聘会（招聘员工会、招聘实习生会）、企业宣讲会、人才交流会、各类报告会等，可以了解很多的工作世界信息。

五、从《中华人民共和国职业分类大典》（附录4）中了解工作世界

在繁杂的工作世界中挑出相关有用的信息，是项艰巨的工作。我国于1999年5月首次颁布、2015年进行修订的《中华人民共和国职业分类大典》，依据《中华人民共和国劳动法》规定："国家确定职业分类，对规定的职业制定职业技能标准，实行职业资格证书制度"编制，将职业分为8个大类、75个中类、434个小类、1481个职业，可以帮助我们快速了解职业世界。

六、从报纸、杂志、电视、网络等了解工作世界

工作世界是快速变化的世界，大学生应经常观看发布国民经济发展、世界经济变化信息的电视栏目、报纸、杂志和网站。报纸、杂志、电视、书籍都有可能提供职业信息，随着5G的到来，网络更加发达，互联网越来越成为人们获取大量信息的有效途径，浏览和职业相关的网站能够获得一些更有针对性的职业信息。

请思考：
你平时是通过哪些渠道来了解工作世界的？

_____

_____

_____

第三节　宏观工作世界现状及微观工作世界信息

一、宏观工作世界现状

我们通常把从大的方面、整体方面研究把握的情况称为宏观现状。宏观工作世界有以下六个方面的内容。

1. 供求状况

中国劳动力市场上目前劳动力的供给大于需求，是需求市场，也就是用人单位占主导地位。

2. 结构性失业问题突出

结构性失业是指经济、产业结构变化以及生产形式、规模变化促使劳动力结构进行相应调整而导致的失业。由于我国正在对经济结构进行重大调整，与之相应地，劳动力结构必

然要同步调整，不可避免地会造成结构性失业。这就意味着"劳动供给过剩和短缺并存"，失业不是因为缺乏就业机会，而是合格的劳动力不足。其中高级技术人才和高级管理人才尤为短缺。

3. 信息化、全球化时代带来国际化人才竞争

信息技术的高度发展缩短了全球各个国家的距离，使经济资源在全球范围内进行重新组合和配置。同时中国从世界工厂到中国制造，企业的国际化势必要求具有国际化视角和素质的员工。

使用外籍员工也会带来更加激烈的人才竞争压力。就目前的状况来看，外资企业的员工比国内企业的员工在待遇上要优厚一些。

所以在进行职业规划的时候，同学们应该具有一定的国际化视角，将自己放到更为广阔的平台上，这样才有利于以后的发展。

4. 职业变化是生活的一部分

大多数人一生可能会更换若干个单位，不会对一种职业从事一生。这就需要学会如何适应工作的变动，保持满意感。

5. 再教育是常态，没有技术意味着没有工作

世界发生着飞速变化，特别是新科技日新月异，不断地学习、及时捕捉前沿信息、提升适应新科技发展的技能是常态。

6. 有多种工作形式可供选择

（1）**全职工作**：全职工作是指连续为同一雇主工作，每周工作40或40小时以上，有相对的稳定性和保障性，不足就是将自己的将来交到别人手上，会增加自身的风险。

（2）**兼职工作**：兼职工作，是指职工在本职工作之外兼任其他的工作职务。兼职者除可以领取本职工作的工资外，还可以按标准领取所兼任工作职务的工资。

另外，一些人于工作之余或课余时间以自雇的方式工作，亦是兼职的一种形式。这类兼职常见的有家庭教师、电脑维修、程序设计、钟点家务助理、业余模特等。

一些企业允许职工在完成8小时的工作任务外，利用业余时间从事第二职业或进行创业，如教师、科技人员、律师在不影响本职工作的前提下兼职，并取得一定的报酬。但是，按规定经批准在企业兼职的党政领导干部，不得在企业领取薪酬、奖金、津贴等报酬，不得获取股权和其他额外利益；公务员在其他单位挂职不能领取兼职报酬；行政人员兼教学，教师兼行政职务等不能领取报酬。

（3）**多重工作**：多重工作是指同时期有两种及以上的职业的人，他们不满足单一职业和身份的束缚，努力让自己活得更加多元和精彩，如律师、导演、鉴赏评论等。

从事多重工作的人，适应性好，适合在多样性环境下工作，还能不断地更新自己的技能。

（4）**自由职业**：自由职业是指独立工作、不属于任何组织、不向任何雇主做长期承诺

而从事的某种职业，他们在自己的指导下完成工作。

中国的自由职业者包括三类人：第一类是小本生意人，如个体零售店、小吃店、冲印店、装修公司老板等；第二类是没有底薪的推销员，如保险推销员、房产中介人员、广告中介人员等；第三类是专业人员，如摄影师、专利代理人员、律师、会计师、医生、技术顾问、管理顾问、撰稿人、美术人、音乐人、电脑经营、策划人、管道工等。

自由职业风险较大，要求从事者具有良好的心理安全感、自我管理能力和自信心。

（5）**自我创业**：自我创业是对自己拥有的资源或通过努力对能够拥有的资源进行优化整合，从而创造出更大的经济或社会价值的过程。创业可以说是一种劳动方式，也是一种需要创业者运营、组织、运用服务、技术、器物作业的思考、推理和判断的行为。创业前景是美好的，过程是艰难的，结果是在自己手里做出来的。其风险最高，收入也可能会很高。

职业形式的多样性，为职业的选择提供了更多的可能性。如何选择？选择什么？需要用科学的方法进行理性的抉择。

请写出1~2种自己内心深处最想从事的工作形式，并分析为什么。

_____

_____

_____

_____

二、微观工作世界信息

我们通常把从小的方面、局部方面研究把握的情况称为微观信息。如了解到的具体行业、具体单位、具体岗位、地域信息等即为微观工作世界信息。

探索微观工作世界的信息对职业选择有着决定性作用。这个单位的这份工作是否能满足自己的兴趣爱好、自己的性格是否与单位文化相适应、自己具备的擅长的技能能否胜任工作要求、工作过程中是否能满足自己的价值追求等，都需要通过了解微观工作世界的信息获取答案。

从现实中我们了解到，人们从事的某个具体工作，它在许多单位都有，如财务部门、人力资源部门几乎所有单位都存在；而这么多单位又分布在不同的行业里，如农业、医疗、航天、教育等；不同行业里的单位又分布在不同的地域；每个求职者又有着千差万别的追求。因此，需要了解的微观工作世界既包含岗位和单位，又包含行业和领域。

那么，我们需要对微观工作世界了解些什么呢？又需要分析些什么呢？

（1）对职业需要了解和分析的内容如表6-1所示。

表 6-1　对职业需要了解和分析的内容

需要了解的内容	需要分析的内容
1. 该职位的主要职责是什么，常规的工作内容是什么 2. 该职位要求什么样的技能、学历或证书 3. 需要什么样的个性特质，在这个职位的优秀员工都有什么共同特征 4. 该职位的薪酬福利、工资梯度大概是怎么样的 5. 这个职位日常所面临的问题和挑战有哪些，解决的办法是什么 6. 该职位晋升空间和路径是怎样的 7. 要进一步获得更多的关于职业的信息，有什么相关的书籍、杂志或者网站可以查阅 8. 自己关心的其他问题	1. 对于这个职位，目前我有哪些优势？我还欠缺哪些技能 2. 如果要进入这个职业，我现在需要通过什么方法提升欠缺的技能 3. 我对这个职位比较满意的是什么，特别满意的是什么，如有些方面不满意是否愿意去 4. 工作中要用到的技能知识 5. 如果我要成为这个职位的精英，我需要发挥自己哪方面的优势 6. 要在这个行业一直发展下去，我还需要什么能力与资历

（2）对从事职业所在行业需要了解和分析的内容如表 6-2 所示。

表 6-2　对从事职业所在行业需要了解和分析的内容

需要了解的内容	需要分析的内容
1. 该行业的发展趋势如何，是否有季节性或地理位置的限制 2. 该行业大概有哪些类别，各自有什么特征 3. 该行业核心公司、新兴公司、发展速度最快的公司有哪些，分布在哪些地域 4. 该行业薪水范围是多少 5. 该行业的人们对其从事的工作有何满意或不满意之处 6. 行业的人才供需状况如何 7. 需要了解的其他内容	1. 该行业处于行业发展的哪个阶段（曙光、朝阳、成熟、夕阳、流星） 2. 分布于不同地域的单位发展状况如何 3. 自己倾向于该行业的什么单位，为什么 4. 这个单位在哪个地域 5. 其他

（3）对从事职业所在单位需要了解和分析的内容如表 6-3 所示。

表 6-3　对从事职业所在单位需要了解和分析的内容

需要了解的内容	需要分析的内容
1. 该单位具体是做什么的，产品和品牌有哪些，优势是什么，发展趋势如何 2. 单位属于哪个行业，所处行业的发展前景如何（欣欣向荣、停滞不前、逐渐没落） 3. 该单位的企业文化是怎么表述的，内涵是什么，是如何形成的，曾经历了哪些重大事件 4. 该单位的管理者是如何管理单位的，如何对待员工和客户的 5. 该行业和新闻媒体是如何评价该单位的 6. 这个单位的地理位置 7. 关心的其他问题	1. 我对该单位所做的事情是否感兴趣 2. 我对该单位的企业文化理解吗，是否认可 3. 我参与竞争进入该单位的核心优势

（4）对从事职业所在地域需要了解和分析的内容如表 6-4 所示。

表 6-4　对从事职业所在地域需要了解和分析的内容

需要了解的内容	需要分析的内容
1. 这个地域的交通情况如何 2. 这个地域的生活质量、消费环境、气候状况如何 3. 这个地域的主要经济结构有哪些 4. 这个地域的房价怎么样 5. 这个地域的文化主要有哪些 6. 这个地域人均收入怎么样 7. 国家、省市对这个地方有什么支持的政策 8. 这个地域的城市定位和特色是什么 9. 这个地域最近几年的发展战略是什么 10. 关心的其他问题	1. 这个地域的什么内容吸引着你 2. 对这个地域不太满意的是什么 3. 如何平衡不太满意的地方

 课堂活动

参加一次招聘会。

（1）在招聘会现场，能够让你驻足的单位是什么？

_____

_____

（2）这个单位的什么岗位吸引了你？

_____

_____

（3）这个岗位招聘的条件是什么？

_____

_____

（4）你目前具备了哪些条件？

_____

_____

_____

（5）你还需要提升哪些技能？

_____

_____

_____

（6）你还了解到哪些可能适合自己的职业？

_____

_____

_____

 推荐阅读

书籍：《职业指导——职业生涯规划教程（第 11 版）》，戴安·萨克尼克，中国劳动社会保障出版社。

第七章 职业决策风格探索

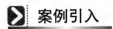 **案例引入**

他们两人的不同在哪里

小林是北京市一所重点大学的本科毕业生，各方面都很优秀。毕业时，有五家公司向小林伸出了橄榄枝。他对其中两家公司很感兴趣，其中一家公司提供的工作是他很喜欢的，但是待遇比较低，另外一家公司提供的工资待遇比较高但是工作内容他不感兴趣。小林来自偏远地区的农村，家庭经济状况不好，靠生源地助学贷款才读完大学。到底该选择待遇低但感兴趣的工作还是选择待遇高而不感兴趣的工作？小林苦苦地思索、纠结，难做决定，直到学校上报就业计划的最后一刻，他选择了待遇高但不感兴趣的工作。

小赵和小林是大学舍友，家庭经济状况比小林稍好一点，大学四年各方面的表现虽然比不上小林但也比较优秀。毕业时，有四家单位希望与他签约。签哪一家呢？他经过一系列的了解，采用了科学的方法进行了理性的选择，进入一家自己比较感兴趣而且发展前景不错的公司工作。

两年后，同学聚会时，小林和小赵一起聊到工作现状，小林发现自己并不适合目前的这份工作，他的高薪也成为泡影，甚至面临重新择业的烦恼。而小赵工作得心应手，收入逐渐提升，乐在其中。

请思考：
　　小林和小赵工作后的不同结果源于什么？

在现实生活中,每个人都会遇到一些或大或小的事情,需要作出这样那样的分析、判断和决策。

决策,每个人随时都在进行。不仅要对生活中一些小事进行决策,如今天出门穿什么衣服、带什么包,中午吃什么、在什么地方吃、和谁一起吃等,还要对人生中一些比较重要的事的决策,如高考志愿填报什么学校,特别是学习什么专业,大学毕业找什么样的工作等。对小事的决策结果影响人的一时,而对大事的决策几乎影响人的一生。

所有的道路都不是别人给你的,而是自己选择的结果。你有什么样的选择就会有什么样的人生。

第一节 决策分类与风格

决策是指组织或个人为了实现某种目标而对未来一定时期内有关活动的方向、内容及方式的选择或调整的过程。这个概念表明,决策的主体既可以是组织,也可以是个人;决策要解决的问题,既可以是组织或个人活动的选择,也可以是对这种活动的调整;决定选择或调整的对象,既可以是活动的方向和内容,也可以是在特定方向下从事某种活动的方式;最后,决策涉及的时限,既可以是未来较长的时期,也可以仅仅是某个较短的时段。

一、职业生涯决策

职业生涯发展过程中会面临许多选择的情境,需要个人做出决定,这就是职业生涯决策,也称为职业生涯决定。职业生涯决策是一个复杂的认知过程,通过此过程,决策者组织有关自我和职业环境的信息,仔细考虑各种可供选择的职业前景,做出职业行为的公开承诺。由此可以看出,职业生涯决策是一个过程,而不单单是一种结果。

进行职业生涯决策时,需要注意以下事项。

1. 结合自己的性格、兴趣、擅长的能力和职业追求

要使职业生涯成功发展,其核心是从事的工作应该是自己感兴趣并擅长的。例如,一个人性格内向,不善与人沟通,没有很好的交际意识,希望成为成功的管理人员就比较困难。因此,制订职业规划一定要在认真了解、分析自己的优、缺点的前提下进行。

2. 结合实际,确保具有可执行性

职业生涯规划不能好高骛远,要根据自己的实际情况和了解到的当前的工作世界的实际情况,合理定位,科学决策,使结果具有可行性。

3. 职业生涯决策要有可持续发展性

职业生涯决策不能只制定一个阶段性的目标,应该是一连串的、可以贯穿自己整个职业发展生涯的远景展望。如果职业生涯决策过于短浅,又没有后续职业生涯决策点支撑,肯定就会使人丧失奋斗的热情,不利于自己长远发展。

请思考：
请对你的性格、职业兴趣、擅长的职业技能和职业价值观进行综合描述，依据综合描述列出你适合从事的五种职业，并按照重要性优先排序。

_____

_____

二、职业决策的分类

1. 按决策条件的肯定程度分类
（1）确定型决策。确定型决策是指决策者知道一切自然状态的状况，每个方案只有一种结果，选择的结果清晰明了。
（2）有一定风险型决策。有一定风险型决策是指可供选择的方案有两种或两种以上，选择的后果虽然不完全确定，但在一定程度上知道可能会有什么样的结果。
（3）完全不确定型决策。完全不确定型决策是指可供选择的方案有两种或两种以上，每种方案发生的概率无法估计，发生的后果无法估计。

2. 按决策的性质分类
（1）程序化决策。程序化决策是指有关常规的、反复发生的问题的决策。
（2）非程序化决策。非程序化决策是指偶然发生的或首次出现而又较为重要的非重复性决策。

3. 按决策的作用分类
（1）战略决策。战略决策是指有关行业、单位的发展方向的全局性重大决策，由高层管理人员作出。
（2）管理决策。管理决策是指为保证行业、单位总体战略目标的实现而解决局部问题的重要决策，由中层管理人员作出。
（3）业务决策。业务决策是指基层管理人员为解决日常工作和作业任务中的问题所作的决策。

4. 按决策的风格分类
按这种标准职业决策可分为行为决策、概念决策、命令决策和分析决策。

5. 按决策的方法分类
按这种标准职业决策可分为理性决策和非理性决策。

6. 按决策的人数分类
按这种标准职业决策可分为个人决策和群体决策。

三、决策风格

决策风格是指个体在长期的决策过程中形成的比较稳定的决策倾向。决策风格对决策效果具有重大的影响,其主要表现为不同决策风格的人对决策形成的方式与步骤有不同的偏好;不同决策风格的人对行动的迫切性有不同的反应;不同决策风格的人对待风险的态度与处理办法互有差异。

那么,职业决策风格有几种类型呢? 1968年,丁克里奇(Dinklage)通过访谈研究,将人们职业决策所采用的风格归结为以下八种类型。

1. 拖延型决策

拖延型决策类型的人习惯将对问题的思考和行动都往后推迟,"过两天再说"是他们的口头禅。

大学生常见的"我还没有做好找工作的准备,所以打算先考研",或者"先毕业了再说"等就是这种方式的体现。拖延型的人心中暗暗抱有这样的希望:也许事情过几天就自动解决了。然而,问题并不会自动解决,却有可能越拖越严重。如果现在不知道该怎么找工作,也不去学习如何找工作,那么研究生毕业也未必知道怎么找工作。

2. 宿命型决策

宿命型决策的人自己不愿承担责任,把命运交给外部形式的变化。他们常常会说"该怎么地就怎么地吧"或者"我这个人永远不会走运"之类的话。

当一个人将自己生活的主导权交给外界环境的时候,可以预见,其决定是无力和无助的,很容易成为环境的"受害者",怨天尤人,却没有想到,自己所处的环境正是由于自己放弃了主动决策权而造成的。

3. 顺从型/随大流型决策

顺从型/随大流型决策的人习惯于顺从别人的计划而不是自己做决定。

他们常说:"只要他们觉得好,我就觉得好。"比如,看到班里有不少同学准备考研,自己也想考;了解到有些同学打算出国,自己也想出国;知道了有些同学投简历到外企,自己也跟风投简历到外企等,只因为"大家都这样做"。这样的人可能会在随大流的过程中获得了一点儿虚无的安全感,却忽略了自身的独特性,造成自己选择的结果很大程度上并不适合自己。

4. 痛苦挣扎型决策

痛苦挣扎型决策的人会花很多时间和精力去收集信息,找专家咨询,反复比较,却迟迟难以做出决定。他们常说的一句话就是"我就是拿不定主意"。出现这种情况,收集再多的信息,再怎么比较也无济于事。需要搞清楚的是,自己被一些什么样的非理性观念困扰着,是担心决策的结果,还是父母的认可等。

5. 冲动型决策

冲动型决策的人与"痛苦挣扎型"的人正好相反,这类人遇到第一个选择就紧紧抓住不放，不再考虑其他的选择或做进一步的信息收集。他们的想法是"先决定，其他的以后再考虑"。比如，先找到一份工作再说。

冲动型的决策方式可能是没有对自己、对工作世界进行探索的意识、思路、方法和技巧，或者出于对困难的回避，或者不愿意花时间和精力去探索。这种决策方式的风险太大，等看到有更合适的或者更好的可能时，会因种种条件的制约而追悔莫及。

6. 直觉型决策

直觉型决策的人将自己想象的感受作为决定的基础。他们通常说不出什么理由，一味表示："就是觉得这个好"。人们在择友的时候常常采用这种决策方式。当人们对环境情况无法获得充分信息的时候直觉会比较有效，但也有可能不符合事实，有时候，我们的判断可能会因为自身先入为主的偏见而产生较大的误差。因此，我们不能仅仅将直觉作为决策的依据。

7. 瘫痪型 / 麻痹型决策

瘫痪型 / 麻痹型决策的人可能在理性上接受了应当自己做决定的观念，却无法开始决策过程。他们知道自己应该开始了，可内心深处总是笼罩着"一想到这种事就害怕"的阴影。事实上，他们无法真正为决策的后果承担责任，而这种害怕承担责任的心理可能源于家庭在其成长过程中长期不当的教育方式。

8. 计划型 / 理性决策

计划型 / 理性决策的人做决定时不仅倾听自己内在的声音，也考虑外在的环境要求，在知己知彼的前提下作出比较适合自己的决策。

计划型 / 理性决策有以下步骤。

（1）确认要做决定的性质，明确具体的目标。

（2）确认所有的选择。不要在没有探索之前就匆忙决定，这样会限制自己的选择面。

（3）收集与需要决策的事件有关的所有信息。

（4）对收集到的信息进行整理、分类，然后评估，按评估结果对所有选择进行排序。

（5）做出选择，并对选择进一步澄清和确认。

（6）对确认后的选择采取行动。

（7）对行动过程和结果及时进行总结与评估，并采取相应的对策。

无论哪种决策风格，其关键在于对自己和对工作世界信息的了解和理解。表 7-1 为决策中对自己和对工作世界信息的不同了解情况下的决策风格类型。

表 7-1 决策风格类型

对象内容		对自己	
		未知	已知
对工作世界信息	未知	困惑和麻木性决策 痛苦挣扎型、拖延型、麻痹型	直觉性决策 冲动型、直觉型
	已知	依赖性决策 顺从型、宿命型	信息性决策 计划型

> **课堂活动**

测试自己的决策风格。

摘 桃 子

有一片桃园,你进入其中摘桃子。有两个条件:只许前进不许后退,只能摘一个。下面是五种方法。

(1)对视野内的桃子进行比较,形成一个大概的标准,然后根据这个标准选择一个最大的桃子。

(2)"我感觉这个大",就摘这个了。

(3)去问看桃人,最大的桃子是什么样。

(4)先别管了,向前走,边走边看,认为哪个大就摘哪个。

(5)稍做比较,快速摘一个自认为是最大的桃子。

(资料来源:《大学生职业生涯发展与规划》钟谷兰,杨开)

如果是你,你选择用哪种方法?为什么用这种方法?

_____

_____

我的重大决策

(1)回想迄今为止你在生活中做出的一个重大决策,并按照以下内容进行描述。

①事件发生时的情境是怎样的?

_____

_____

②决策中你所有的选择是什么?

_____

_____

③你从所有选择中筛选出的选择是什么?

_____

_____

④你对这个重大决策的评价是什么？

_____

（2）回忆自己的经历，大多数情况下你偏好的决策风格是什么？

_____

_____

四、对决策的合理认知

决定你是什么的，不是你拥有的能力，而是你的选择。在漫长而曲折的职业发展道路上，我们会面临无数次的选择，尤其在选择人生的第一份职业时所做出的关键决策，在一个人的职业生涯发展中有着非常重要的意义。它不仅会影响我们以后的职业发展方向，成为人生成长过程中的里程碑，还会直接影响我们的成败。因此，对决策的合理认知非常重要。

职业决策为大学生理性地确定未来的职业和工作岗位提供了科学的依据；正确的职业决策可以让我们利用科学的决策方法和技巧迅速而准确地把握有利于自我职业发展的大好机遇；正确的职业决策能帮助大学生明确职业选择，走适合自己发展和符合自己需求的职业发展之路。

然而，任何决策都是有风险的。决策就是根据当下的信息和个人的判断，朝未来去冒险。要知道，没有完美的决策，我们的选择是有限的，有得必有失，决策意味着取舍。做决策不仅包括选择，也包括行动。不是因为有了选择才能去行动，而是有了行动才能去选择。焦虑不会凭空产生，也不会凭空消失，除非我们采取行动。

第二节　职业决策中的挑战

职业决策包括职业目标选择、行业选择、单位选择、职位选择、地域选择和职业发展路径选择。其中，行业选择、单位选择、职位选择和地域选择没有先后顺序的限定，而是根据个人的需要而定，有的人优先选择地域，有的人优先考虑职位，有的人优先选择单位，有的人优先选择行业。

人们在进行职业决策时，常常会遇到一些困难或者障碍，归纳起来主要有以下两个方面。

一、个人方面的障碍

个人方面的障碍有自我认知障碍，非理性观念障碍和身体或精神状态障碍。

1. 自我认知障碍

自我认知障碍是指当要做决策时，不明白自己的优势，更不清楚自己的目标或者方向，即对自我的认知还不清楚。

2. 非理性观念障碍

非理性观念障碍是指考虑问题时以偏概全,如全部、都是、必须、应该、只有等。

3. 身体或精神状态障碍

身体或精神状态障碍是指决策者疲惫不堪,或者紧张焦虑,无法集中精力于决策事件本身。而自我认知障碍和非理性观念的障碍是职业决策过程中的两大重要障碍。

二、外部环境的障碍

外部环境的障碍是指家庭方面的障碍和社会方面的障碍。

1. 家庭方面的障碍

每个人的职业选择或多或少都会受到家庭的影响。对于年轻人而言,影响可能会来自家长;对于稍年长一些的,影响可能来自配偶或者孩子。处于家庭中的人,往往在决策中很难保持自己情绪和心理上的独立。当家庭成员之间无法就义务、经济、责任、内疚感、价值观等达成共识时,就会使个体决策受到影响。

2. 社会方面的障碍

从宏观上看,政治、经济、历史和文化的力量都有可能干扰个人进行有效决策。例如,年龄歧视、性别歧视等,这些我们难以控制,但往往我们把外部阻碍想象得过多过大,从而影响个人决策。

课堂活动

我的非理性观念

(1)请回想一下你在日常生活中哪些事情的决策中表现出了非理性观念?请按重要性优先排序列出三种,并写出时自己的影响。_____

_____

_____

(2)仔细想想,有哪些非理性观念影响着你的职业认知、职业的选择?请列写下来。

_____

第三节 应对职业决策挑战的方法

在职业决策时遇到挑战是在所难免的,当面对挑战时,我们需要冷静的分析,选择科学的方法去克服它。本节将介绍五种应对职业决策挑战的方法。

一、计划型决策方法：CASVE 循环

计划型决策方法是人们日常生活、工作中处理比较重要事情时常用的方法，比如，填报高考志愿的整个过程就是计划型决策方法的运用。

计划型决策方法是职业生涯规划中一种应对决策挑战的方法。你的职业生活质量是以你怎样进行职业决策和怎样应对决策挑战为基础的。学习生涯决策方法中的 CASVE 循环，可以帮助你提高这方面的能力。

CASVE 循环包括五个阶段：沟通（Communication）、分析（Analysis）、综合（Synthesis）、评估（Value）和执行（Execution），CASVE 是这五个词的英文单词首字母。CASVE 循环如图 7-1 所示。

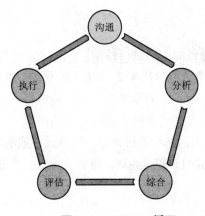

图 7-1 CASVE 循环

1. 沟通

在这个阶段，个体会收到关于职业理想与现实之间存在差距的信息。这些信息可能通过内部或外部交流沟通的途径传达给我们。内部沟通包括情绪信号和身体信号，情绪信号如不满、厌烦、焦虑和失望，身体信号如昏昏欲睡、头痛、胃部疾病等。外部沟通包括父母对你的职业规划的询问，同事、朋友对你的职业评价，或者是杂志上关于你的专业的文章。

针对这些信息，自己与自己进行深度沟通，找出存在的差距，接下来就可以分析差距产生的根源了。

2. 分析

在这阶段，个体需要花时间去思考、观察、研究，从而更充分了解差距，了解自己能有效作出反应的能力。好的生涯决策者不会用冲动行事来减小在沟通阶段所体验的压力或痛苦，因为他们知道，这是无效的，甚至可能令问题恶化。决策者应该清楚，要解决这个问题需要了解自己的哪些方面，了解环境的哪些方面，还需要做些什么才能解决问题；为什么我有这样的感受，家庭会怎样看待我的选择等。

这是了解我自己和各种选择的阶段。在这一阶段，个体通常会完善自我知识体系，

不断了解职业世界和家庭的需要。简单说，在分析阶段，生涯决策者应尽可能了解造成在第一阶段差距的原因，还需要把各种因素和相关知识联系起来，如把自我知识和职业选择联系起来，把家庭和个人生活的需要融入职业选择中。

3. 综合

综合主要是加工上一阶段提供的信息，从而确定消除差距的行动方案。其核心任务是确定为了解决问题，我可以做什么。

这是一个先扩大后缩小选择清单的过程。首先，尽可能多地找到消除差距的方法，发散地思考每一种办法，甚至采用"头脑风暴"的方式进行创造性的思维。然后，对每一种可能性进行分析、论证，缩小有效方法的数量，根据可控性、可实现的原则进行排序，留下最有效的几个选项。

4. 评估

评估阶段是对综合阶段得到的选项进行评估。

第一步是评估每一种选择对生涯决策者和他人的影响。例如，如果选择了服兵役，这一选择将会给自己、伴侣、父母、孩子等带来什么影响？每一种选择都要从对自己和对他人的代价和益处两方面进行评价，并综合物质和精神上的因素。

第二步就是对综合阶段得出的选项进行排序。能够最好地消除差距的选项排在第一位，其次的排在第二位，依此类推。此时，职业规划决策者会选出一个最佳选项，并且实施这一选择。

5. 执行

执行是实施选择的阶段，把思考转换为行动。很多人都觉得在执行阶段制订行动计划是令人兴奋和有价值的，因为他们终于可以开始采取积极行动去解决问题了。

CASVE 循环是一个不断重复的过程。在执行阶段之后，生涯决策者又回到沟通阶段，通过执行获得的反馈信息来确定已经选取的选择是不是最好的，是否能最有效地消除理想与现实间的差距，如果没有，则需要执行第二排序的选择。

二、决策平衡单方法

决策平衡单（Decision-making Balance Sheet）是由詹尼斯（Janis）和曼（Mann）设计，他们将重大事件的思考方向集中到四个主题上：个人物质方面的得失、他人物质方面的得失、个人精神方面的得失和他人精神方面的得失。

每个思考方向里选择的因素，即价值追求一定是对自己有重大影响的内容，这就需要花时间和精力进行认真的澄清和确认。

使用决策平衡单时，需要给各种价值观或因素按等级分配权重。一项价值观或因素的重要性越大，它的权重就越高。5 代表最高权重，表示"非常重要"；3 代表"一般"，而 1 代表"最不重要"。可取数值在 –5~+5 之间。

取值的多少，是在自己对选项进行充分了解的基础上确定的。取值确定之后，权重乘以取值等于权重分数。将每一个选项的权重分数进行代数和，即可得出总分。决策平衡单如

表 7-2 所示。

表 7-2 决策平衡单

选择项目	权重（1~5）	加权		
		选择一	选择二	选择三
		取值范围 -5~+5	取值范围 -5~+5	取值范围 -5~+5
个人物质方面的得失				
他人物质方面的得失				
个人精神方面的得失				
他人精神方面的得失				
总 分				

请用表 7-3 的决策平衡单对自己是考研究生还是找工作进行决策。

表 7-3 考研还是找工作的决策平衡单

选择项目	权重（1~5）	加权	
		考研究生	找工作
		取值范围 -5~+5	取值范围 -5~+5
个人物质方面的得失			
他人物质方面的得失			
个人精神方面的得失			
他人精神方面的得失			
总 分			

三、SWOT 分析法

SWOT（Strengths Weaknesses Opportunities Threats）分析法是著名的竞争战略专家迈克尔·波特（Michael Porter）提出的竞争理论，从产业结构入手对一个企业"可能做的"方面进行透彻的分析和说明。而能力学派管理学家则运用价值链解构企业的价值创造过程，注重对公司的资源和能力的分析。SWOT 分析法，就是在综合了前面两者的基础上，将公司的内部分析与产业竞争环境的外部分析结合起来，形成结构化的平衡系统分析体系。

与其他的分析方法相比，SWOT 分析法从一开始就具有显著的结构化和系统性的特征。就结构化而言，首先在形式上，SWOT 分析法表现为构造 SWOT 结构矩阵，并对矩阵的不同区域赋予了不同的分析意义；其次在内容上，SWOT 分析法的主要理论基础也强调从结构分析入手对外部环境和内部资源进行分析。使用 SWOT 分析法可以使目标的实现更加科学全面，或者分析出目标实现的可能性。SWOT 分析法如表 7-4 所示。

表 7-4　SWOT 分析法

个人自身因素	优势因素（S-Strength）	劣势因素（W-Weakness）
外部环境因素	机会因素（O-Opportunities）	危机因素（T-Threats）

SWOT 分析法可以用于为了实现某一个目标而进行分析，分析目标实现的可能性以及努力的内容，如希望到某单位去工作。也可以用于同一事件但分布在不同单位，需要进行选择的，如考有关外交方面的研究生，是报考北京大学还是报考中国人民大学，通过对外部因素的分析比较而进行选择。一般情况下都用于为实现某一个目标而采用 SWOT 分析法进行分析。

课堂活动

对你希望做的一件事采用 SWOT 分析法，并完成表 7-5。

表 7-5　我希望＿＿＿＿＿＿＿＿＿＿的 SWOT 分析法

个人自身因素	优势因素（S-Strength）	劣势因素（W-Weakness）
外部环境因素	机会因素（O-Opportunities）	危机因素（T-Threats）

四、设立目标的指导原则（SMART 原则）

人们在日常生活或者工作中，经常会给自己设立各种各样的目标。但是设立的目标多数都没有实现，因此，设立目标需要正确的指导原则。

SMART（Specific Measurable Attainable Relevant Time-bounded）原则由"现代管理学之父"彼得·德鲁克(Peter Drucker)在1954年出版的《管理的实践》一书中提出。根据德鲁克的说法，人们一定要避免"活动陷阱"，不能只顾低头拉车，而不抬头看路，最终忘了自己的主要目标。

SMART 原则即制定一个能够实现的目标必须满足五个方面的内容。

（1）Specific：设立的目标一定是**具体的、明确的**。

不要使用含糊笼统的语言，比如，不要说"我的目标是更好地利用时间"，应该说"我一天只能花不超过一个小时的时间来看电视"，或者"我每周要花两个小时的时间来上网查找有关服装设计师这一职业的资料"。推荐观看《爱丽丝梦游仙境》。

（2）Measurable：设立的目标是**可量化的**。

如果目标比较大，可以将大的目标分解成一个个能够明确衡量且容易实现的小目标，这样你才有一个衡量大目标是否实现的标准，从而可以准确地评价你是否达到了自己的目标。比如，"我希望获得学校一等奖学金"这个目标是具体的、明确的，需要分析获得一等奖学金的因素，如果是高等数学课程成绩偏低，那就确定一个提高高等数学成绩的方案。"我要从社会实践中提高能力"这个目标中，提高的能力是不确定的、模糊的，应改为"从社会实践中提高摄影能力"，目标分解为"在这个月内，报名参加学生影协会，并访谈两位摄影师"。推荐阅读《马拉松运动员的故事》。

（3）Achievable：设立的目标要**可以达到但有挑战性**。

也就是说，就你的能力和特点而言，实现这个目标是现实可行的但又有一定难度。比如说，你目前只是一个大四学生并且没有什么相关的工作经验，却计划在两年之内就成为大公司的中层管理人员，这个目标也许就不那么可行；但如果你计划十年之内才做到中层管理人员的位置，那又缺乏挑战性，可能不太有激情去实现这个目标。推荐阅读《保险销售员的故事》。

（4）Rewarding：设立的目标**有意义、有价值，并有奖惩的措施**。

换言之，实现这个目标能带给你成就感、愉悦感；反之，则会使你受到惩罚。比如说，如果你没有按计划在一周内完成对两位摄影师的访谈，那么你就不能在假期时外出旅游，而要利用假期完成访谈的任务。推荐阅读《三个石匠的故事》。

（5）Time-bounded：实现的目标**有明确的时间节点**。

不能将目标统统定为"在大学毕业前完成"，而要有计划、分步骤地在限定的时间内完成。以一周、一个月或一学期为单位设立目标，会比将事情都堆到大四毕业前完成有效得多。而没有时间节点的目标，是不可能实现的目标。

课堂活动

请你制订一个可以在四个月内完成的目标。
（1）具体的目标是＿＿＿＿＿＿＿＿＿＿＿＿＿＿＿＿＿＿＿＿＿＿＿＿＿
（2）为实现目标而采取的行动是＿＿

（3）为保障行动而采取的措施是＿＿

实现目标的时间节点到了之后，进行分析总结。

五、生涯人物访谈法

生涯人物访谈是大学生在校期间职业生涯规划的一个环节，是一种获取职业信息的有效渠道，目的在于使学生了解和认识社会需求、职业需求、职业环境和基本状况，帮助求职者（尤其是在校大学生）检验和印证以前通过其他渠道获得的信息，并了解与未来工作有关的特殊问题或需要，如潜在的入职标准、核心素质要求、晋升路径和工作者的内心感受等。通过生涯人物访谈，还能正确认识自己的优势和不足，从而制订更加合理的大学学习、生活计划。

进行生涯人物访谈，需要注意以下三个事项。

1. 事先做好准备工作

（1）首先明确自己期望的工作岗位、单位、行业和地域。
（2）参考职业、岗位、行业、地域列出访谈提纲。
（3）联系访谈对象。
（4）为自己准备一个简短的自我介绍，在访谈开始前争取获得被访者的支持和信任。

2. 访谈要素

（1）访谈时语言表达要清楚、含义准确，不要造成不必要的误会。
（2）所提问题，必须清晰明确，不能太含蓄。
（3）提问要简洁，不要浪费他人时间。
（4）所提问题和谈话内容不能引起访谈对象的不满和涉及访谈对象的隐私。
（5）一定要进行记录。
（6）掌控时间，不要超时。
（7）采访结束后及时表达感谢。

3. 访谈结束后要做的事

（1）及时整理访谈内容。
（2）书写生涯人物访谈报告。
（3）把生涯人物访谈中得到的启示及时运用于实践。
（4）总结本次访谈的经验和教训，为下次访谈提供借鉴。

阅读以下案例并完成后面的思考。

案例 7-1

小李的职业生涯梦

小李在他 18 岁的高中毕业典礼上说："我发誓要当李嘉诚第二！我要当中国首富！"

20 岁时，春节同学聚会，他说："我想创立自己的公司，30 岁前拥有资产 2 000 万元。"

23 岁时，小李在某市工厂当技术员，第二职业炒股，他说："我正在为离开这家工厂而奋斗，因为在这里工作太没前途了。我将全力炒股，三年内用 5 万元炒到 300 万元。"

25 岁时，炒股失意而情场得意。小李开始准备结婚，他说："我希望一年后能有 10 万元，让我风风光光地结婚。"

26 岁时，在不太风光的结婚典礼上，他说："我想生一个胖小子，不久的将来当个车间主任就行，别的不想了。"

28岁时，小李所在工厂效益下滑，偏偏正是妻子怀胎十月的时候，他说："希望这次下岗名单里千万不要有我的名字。"

请思考：
（1）小李的职业生涯梦想为什么失败？
_____
_____

（2）你对高中毕业时的小李的职业规划有何建议？
_____
_____
_____

课堂活动

用"设立目标的指导原则"法，围绕本科毕业时考研究生或者从事一种职业来制订大学学业规划。

（1）设立的目标是_____
（2）为了实现这个目标，大学四年级（包括寒假）计划做些什么事情？
_____
_____

（3）大学三年级（包括寒暑假）计划做些什么事情？
_____
_____

（4）大学二年级（包括寒暑假）计划做些什么事情？
_____
_____

（5）大学一年级（包括寒暑假）计划做些什么事情？
_____
_____

推荐活动

生涯人物访谈

与一位或几位在自己有倾向性的行业、单位、工作岗位上工作了三年以上的职业人进行交谈，深入了解该行业、单位、工作岗位的具体信息并形成访谈记录。

推荐阅读一

马拉松运动员的取胜之路

山田本一是日本著名的马拉松运动员。他曾在1984年和1987年的国际马拉松比赛中，两次夺得世界冠军。记者问他凭什么取得如此惊人的成绩，山田本一总是回答："凭智慧战胜对手！"

大家都知道，马拉松比赛主要是运动员体力和耐力的较量，爆发力、速度和技巧都还在其次。因此对山田本一的回答，许多人觉得他是在故弄玄虚。

十年之后，这个谜底被揭开了。山田本一在自传中这样写道："每次比赛之前，我都要乘车把比赛的路线仔细地看一遍，并把沿途比较醒目的标志画下来，比如第一标志是银行；第二标志是一棵古怪的大树；第三标志是一座高楼……这样一直画到赛程的结束。比赛开始后，我就以百米的速度奋力地向第一个目标冲去，到达第一个目标后，我又以同样的速度向第二个目标冲去。四十多公里的赛程，被我分解成几个小目标，跑起来就轻松多了。原来我把目标定在终点线的旗帜上，结果当我跑到十几公里的时候就疲惫不堪了，因为我被前面那段遥远的路程吓倒了。"

（资料来源：百度文库）

故事启示：

目标是需要分解的，一个人制定目标的时候，要有最终目标，比如成为世界冠军，更要有明确的绩效目标，比如在某个时间内成绩提高多少。最终目标是宏大的，是引领方向的目标，而绩效目标就是一个具体的、有明确衡量标准的目标，比如在四个月把跑步成绩提高1秒，这就是目标分解，绩效目标可以进一步分解，比如在第一个训练周期内提高0.03秒等。当目标被清晰地分解了，目标的激励作用就显现了，当我们实现了一个目标的时候，我们就及时地得到了一个正面激励，这对于培养我们信心的作用是非常巨大的！

保险销售员的故事

有个同学举手问老师："我的目标是在一年内赚100万元。请问，我如何实现我的目标呢？"

老师问："你相不相信你的目标能达成？"学生回答："我相信。"

老师问："那么，你知不知道通过哪个行业来达成？"他说："我现在从事保险行业。"

老师又问："你认为保险行业能不能帮你达成这个目标？"学生说："只要我努力，就一定能达成。"

老师说:"我们来看看,你要为自己的目标做出多大的努力。根据提成比例,100万元的提成,大约要做300万元的业绩。那么,一年300万元,一个月25万元,每一天大概8 400元。"

老师问:"一天要完成8 400元的业绩,你需要拜访多少位客户?"

"大概50个。"

"那么一个月就需要拜访1 500个客户。一年呢,就需要拜访18 000个客户。"

老师又问:"你现在有没有18 000个A类客户?"他说"没有"。"如果没有的话,就要靠陌生拜访。你平均一个客户要谈多长时间呢?""至少20分钟。"老师说:"每个客户谈20分钟,一天谈50个人,也就是说你一天要花16个小时以上的时间与客户交谈,还不算路途时间。请问,你能不能做到?"他说:"不能。"

故事启示:

目标不是孤立存在的,目标是与计划相辅相成的,目标指导计划,计划的有效性影响目标的达成。所以在制订目标的时候,首先要考虑清楚自己的行动计划,怎么做才能有效地达成目标,否则,目标定得越高,达成的效果越差。

(资料来源:百度文库)

三个石匠的故事

相传山脚下准备建一个教堂,有三个石匠在干活。一天,有人走过去问他们在干什么,第一个石匠说:"我在混口饭吃。"第二个石匠一边敲打石块一边说:"我在做世界上最好的石匠活。"第三个石匠眼中带着想象的光辉仰望天空说:"我在建造一座大教堂。"

10年之后,第一个石匠手艺毫无长进,被老板炒了鱿鱼;第二个石匠勉强保住了自己的饭碗,但只是普普通通的泥水匠;第三个石匠却成了著名的建筑师。

(资料来源:人人文库)

故事启示:

在这里,我们不必为前面两个人的命运惊异。因为从他们的答案就可以看出,他们只顾眼前的利益,对于未来并没有一个明确的目标,而且,对待工作的态度与第三个也是截然不同的。可以说,第一个和第二个之所以会有这样的遭遇,完全是因为他们对于工作没有明确的定位,更提不上明确的目标了。第一个对待工作毫无感情,因此"做一天和尚撞一天钟";第二个呢,对待工作缺乏热情,只是把它当作一种谋生的手段;而第三个呢,不仅热爱自己的工作而且充满激情,并且朝着这个目标不懈努力,希望有一天能干出一番理想的成绩。正是这种激情和理想激励着他不断努力,不断实现自我,最终才造就了他的成功。

推荐阅读二

书籍:《选择比努力更重要》,江风,远方出版社。

附 录

附录 1
大学四年应该这样度过
——李开复给中国大学生的信

> 开复老师：
> 就要毕业了。
> 回头看自己所谓的大学生活，
> 我想哭，不是因为离别，而是因为什么都没学到。
> 我不知，简历该怎么写，若是以往我会让它空白。
> 最大的收获也许是……对什么都没有的忍耐和适应……
>
> ——一位迷茫的大学生

这封来信道出了不少大三、大四学生的心声。大学期间，有许多学生放任自己、虚度光阴，还有许多学生始终找不到正确的学习方向。

我的这封回信是写给那些希望早些从懵懂中清醒过来的大学生，那些希望把握自己的前途和命运的大学生以及那些即将迈进大学校园的未来大学生们的。我想对所有同学说：大学是人一生中最为关键的阶段。从入学的第一天起，你就应当对大学四年有一个正确的认识和规划。为了在学习中享受到最大的快乐，为了在毕业时找到自己最喜爱的工作，每一个刚进入大学校园的人都应当掌握七项学习：**学习自修之道、基础知识、实践贯通之道、兴趣培养之道、积极主动的人生态度、掌控时间的能力、为人处世的能力**。只要做好了这七点，你就能成为一个有潜力、有思想、有价值、有前途的快乐的毕业生。

大学：人生的关键

大学是人生的关键阶段。这是因为，进入大学是你终于放下高考的重担，开始追逐自己的理想、兴趣。这是你离开家庭生活，第一次独立参与团体和社会生活，第一次不再由父母安排生活和学习中的一切，而是能够自由处理生活和学习中遇到的各类问题，支配所有属于自己的时间。

大学是人生的关键阶段。 这是因为，这可能是你一生中最后一次有机会系统性地接受教育。这可能是你最后一次能够全心夯实你的知识基础。也可能是你最后一次能在相对宽容的理想环境中学习为人处世之道。

大学是人生的关键阶段。 在这个阶段里，所有大学生都应当认真把握每一个"第一次"，让它们成为未来人生道路的基石；在这个阶段里，所有大学生也要珍惜每一个"最后一次"，不要让自己在不远的将来追悔莫及。在大学四年里，大家应该努力为自己编织生活梦想，明确奋斗方向，奠定事业基础。

自修之道：从举一反三到无师自通

记得我在哥伦比亚大学任助教时，曾有位中国学生的家长向我抱怨说："你们大学里到底在教些什么？我孩子读完了大二计算机系，居然连 VisiCalc（一款电子表格办公软件）都不会用。"

我当时回答道："电脑的发展日新月异。我们不能保证大学里所教的任何一项技术在五年以后仍然管用，我们也不能保证学生可以学会每一种技术和工具。我们能保证的是，你的孩子将学会思考，并掌握学习的方法，这样，无论五年以后出现什么样的新技术或新工具，你的孩子都能游刃有余。"

她接着问："学最新的软件不是教育，那教育的本质究竟是什么呢？"

我回答说："当我们把学过的东西忘得一干二净时，最后剩下来的东西就是教育的本质了。"

我当时说的这句话来自教育家斯金纳（Skinner）。所谓"剩下来的东西"，其实就是自学的能力，也就是举一反三或无师自通的能力。大学不是"职业培训班"，而是一个让学生适应社会，适应不同工作岗位的平台。在大学期间，学习专业知识固然重要，但更重要的还是要学习独立思考的方法，培养举一反三的能力，只有这样，大学毕业生才能适应瞬息万变的未来世界。我认识的不少在中国读完大学来美国念研究生的朋友，认为不论是学习、工作还是生活他们最缺乏的是独立思考的能力，因为在国内他们很少独立思考和独立决策。

上中学时，老师会一次又一次重复每一课的关键内容。但进了大学以后，老师只会充当引路人的角色，学生必须自主地学习、探索和实践。走上工作岗位后，自学能力就显得更为重要了。微软公司曾做过一个统计：每一名微软员工所掌握的知识内容里，只有大约10%是员工在过去的学习和工作中积累得到的，其他知识都是在加入微软后重新学习的。这一数据充分表明，一个缺乏自学能力的人是难以在微软这样的现代企业中立足的。

自学能力必须在大学期间开始培养。许多同学总是抱怨老师教得不好，课程安排也不合理。我通常会劝这些学生说："与其诅咒黑暗，不如点亮蜡烛。"大学生不应该只会跟在老师的身后亦步亦趋，而应当主动走在老师的前面。例如，大学老师在一个课时里通常要涵盖课本中几十页的信息内容，仅仅通过课堂听讲是无法把所有知识学通、学透的。最好的学习方法是在老师讲课之前就把课本中的相关问题琢磨清楚,然后在课堂上对照老师的讲解弥补自己在理解和认识上的不足。

中学生在学习知识时更多的是追求"记住"知识,而大学生就应当要求自己"理解"知识并善于提出问题。对每一个知识点,都应当多问几个"为什么"。一旦真正理解了理论或方法的来龙去脉,大家就能举一反三地学习其他知识,解决其他问题,甚至达到无师自通的境界。

事实上,很多问题都有不同的思路或观察角度。在学习知识或解决问题时,不要总是死守一种思维模式,不要让自己成为课本或经验的奴隶。只有在学习中敢于创新,善于从全新的角度出发去思考问题,潜在的思考能力、创造能力和学习能力才能被真正激发出来。

《礼记·学记》上讲:"独学而无友,则孤陋而寡闻。"也就是说,大学生应当充分利用学校里的人才资源,从各种渠道吸收知识和方法。如果遇到好的老师,你可以主动向他们请教,或者请他们推荐一些课外的参考读物。除了资深的教授以外,大学中的青年教师、博士生、硕士生乃至自己的同班同学都是知识来源和学习伙伴。每个人对问题的理解和认识都不尽相同,只有互帮互学,大家才能共同进步。

有些同学说,他们很羡慕我在读书时能有一位获得过图灵奖的大师传道授业。其实,虽然我非常推崇我的老师,但他在大学期间并没有教给我多少专业知识。他只是给我指明了大方向,分享他的经验,给我提供研究的资源,并教我做人的原则。他没有时间也没有必要指导我学习具体的专业知识。我在大学期间积累的专业知识都是通过自学获得的。

刚入门时,我曾多次红着脸向我的师兄请教最基本的知识内容,开会讨论时我曾问过不少肤浅的问题,课余时间我还主动与同学探讨、切磋。"三人行必有我师",大学生的周围到处是良师益友。只要珍惜这些难得的机会,大胆发问,经常切磋,我们就能学到最有用的知识和方法。

大学生应该充分利用图书馆和互联网,培养独立学习和研究的本领,为适应今后的工作或进一步的深造做准备。

首先,除了学习老师规定的课程以外,大学生一定要学会查找书籍和文献,以便接触更广泛的知识和研究成果。例如,当我们在一门课上发现了自己感兴趣的课题,就应当积极去图书馆查阅相关文献,了解这个课题的来龙去脉和目前的研究动态。熟练和充分地使用图书馆资源,这是大学生特别是那些有志于科学研究的大学生的必备技能之一。读书时,应尽量多读一些英文原版教材。有些原版教材写得深入浅出,附有大量实例,非常适合自学。

其次,在书本之外,互联网也是一个巨大的资源库,大学生们可以借助搜索引擎在网上查找各类信息。"开复学生网"开通半年以来,我发现很多同学其实并没有很好地掌握互联网的搜索技巧,有时他们提出的问题只要在搜索引擎中简单检索一下,就能轻易找到答案。还有些同学很容易相信网上的谣言,而不会利用搜索引擎自己查考、求证。除了搜索引擎以外,网上还有许多网站和社区也是很好的学习园地。

自学时,不要因为达到了学校的要求就沾沾自喜,也不要认为自己在大学里功课好就足够了。在 21 世纪的今天,人才已经变成了一个国际化的概念。当你对自己的成绩感到满意时,我建议你开始自学一些国际一流大学的课程。例如,美国麻省理工学院(MIT)的开放式课程已经在网上无偿发布出来,大家不妨去看看,做做 MIT 的网上试题。当你可以自如地掌握 MIT 课程时,你就可以更加自信地面对国际化的挑战了。

总之,善于举一反三,学会无师自通,这是大学四年中你送给自己最好的礼物。

基础知识:数学、英语、计算机、互联网

我曾经说过,中国学生的一大优势是扎实的基础知识,如数学、物理等。但是,最近几年,同学们在目睹了很多成功的例子之后,也迫切希望能驶上成功的快车道。这渐渐形成了一种追求速成的浮躁风气。

有许多大学生梦想在毕业后就立即能做"经理""老板",还有许多大学生入学时直接选择了"管理"专业,因为他们认为从这样的专业毕业后马上就可以成为企业的管理者。可不少学生进入了管理专业后,才发现自己对本专业的学习毫无兴趣。其实,管理专业和其他专业一样,都是传授基础知识和基本方法,没有哪个专业可以保证学生在毕业时就能走上领导岗位。无论同学们所学的是哪个专业,大学毕业才是个人事业的真正开始。想做企业领导或想做管理工作的同学也必须从基层做起,必须首先在人品方面学会做人,在学业方面打好基础。

如果说大学是一个学习和进步的平台,那么,这个平台的地基就是大学里的基础课程。在大学期间,同学们一定要学好基础知识,其中包括数学、英语、计算机和互联网的使用,以及本专业要求的基础课程(如商学院的财务、经济等课程)。在科技发展日新月异的今天,应用领域里很多看似高深的技术在几年后就会被新的技术或工具取代。基础知识的学习可以受用终身。另外,如果没有打下好的基础,大学生们也很难真正理解高深的应用技术。

数学是理工科学生必备的基础。很多学生在高中时认为数学是最难学的,到了大学里,一旦发现本专业对数学的要求不高,就会彻底放松对数学知识的学习,而且他们看不出数学知识有什么现实的应用或就业前景。

但大家不要忘记,绝大多数理工科专业的知识体系都建立在数学的基石之上。例如,要想学好计算机工程专业,那至少要把离散数学(包括集合论、图论、数理逻辑等)、线性代数、概率统计和数学分析学好;要想进一步攻读计算机科学专业的硕士或博士学位,可能还需要更高的数学素养。

同时,数学也是人类几千年积累的智慧结晶,学习数学知识可以培养和训练人的思维能力。通过对几何的学习,我们可以学会用演绎、推理来求证和思考的方法;通过学习概率统计,我们可以知道该如何避免钻进思维的死胡同,该如何让自己面前的机会最大化。所以,大家一定要用心把数学学好,不能敷衍了事。学习数学也不能仅仅局限于选修多门数学课程,而是要知道自己为什么学习数学,要从学习数学的过程中掌握认知和思考的方法。

21 世纪里最重要的沟通工具就是英语。有些同学在大学里只为了考过四级、六级而学习英语,有的同学仅仅把英语当作一种求职必备的技能来学习,甚至还有人认为学习和使用英语等于崇洋媚外。其实,学习英语的根本目的是掌握一种重要的学习和沟通工具。在未来的几十年里,世界上最全面的新闻内容,最先进的思想和最高深的技术,以及大多数知识分子间的交流都将用英语进行。因此,除非你甘心做一个与国际脱节的人,英语学习是至关重要的。在软件行业里，不但编程语言是以英语为基础设计出来的，最重要的教材、论文、参考资料、用户手册等资源也大多是用英语写就的。学英语绝不等于崇洋媚外。中国正在走向世界，中国需要学习西方的先进思想和先进科学技术，学好英语是真正的爱国。

很多中国留学生的英语考试成绩不错，也高分考过四级、六级、托福，但是留学美国后上课时却很难听懂课程内容，和外国同学交流时就更加困难。我们该如何学好英语呢？既然英语是最重要的沟通工具，那么，最重要的学习方法就是尽量与实践结合起来，不能只"学"不"用"，更不能只靠背诵的方式学习英语。

读书时，大家尽量阅读原版的专业教材（如果英语不够好，可以先从中英对照的教材看起），并适当地阅读一些自己感兴趣的专业论文，这可以同时提高英语和相关专业的知识水平。其次，提高英语听说能力的最好方法是直接与那些以英语为母语的外国人对话。现在有很多在中国学习和工作的外国人，他们中的不少人为了学中文，很愿意与中国学生对话、交流，这是很好的学习机会。此外，大家不要把学英语当作一件苦差事，完全可以用有趣的方法学习英语。例如，可以多看一些名人的对话或演讲，多看一些小说、戏剧甚至漫画。初学者可以找英文原版的教学节目和录像来学习，有一定基础的则应该看英文电视或电影。看一部英文电影时，最好先在有字幕的时候看一遍，同时查考生词、熟悉句式，然后在不加字幕的情况下再看一遍，仅靠耳朵去听。听英文广播也是很好的练习英文听力的方法，大家每天最好能抽出半小时到一小时的时间收听广播并尽量理解其中的内容，有必要的话还可以录下来反复收听。在互联网上也有许多互动式的英语学习网站，大家可以在网站上用游戏、自我测试、双语阅读等方式提升英语水平。总之，勇于实践、持之以恒是学习英语的必由之路。

信息时代已经到来，大学生在信息科学与信息技术方面的素养也已成为他们进入社会的必备基础之一。虽然不是每个大学生都需要懂得计算机原理和编程知识，但所有大学生都应能熟练地使用计算机、互联网、办公软件和搜索引擎，都应能熟练地在网上浏览信息和查找专业知识。在21世纪里，使用计算机和网络就像使用纸和笔一样是人人必备的基本功。不学好计算机，你就无法快捷全面地获得自己需要的知识或信息。

最后，每个特定的专业也有它自己的基础课程。以计算机专业为例，许多大学生只热衷于学习最新的语言、技术、平台、标准和工具，因为很多公司在招聘时都会要求这些方面的基础或经验。这些新技术虽然应该学习，但计算机基础课程的学习更为重要，因为语言和平台的发展日新月异，但只要学好基础课程（如数据结构、算法、编译原理、计算机原理、数据库原理等）就可以万变不离其宗。有位同学生动地把这些基础课程比拟为计算机专业的内功，而把新的语言、技术、平台、标准和工具比拟为外功。那些只懂得追求时髦的学生最终只知道些招式的皮毛，而没有内功的积累，是不可能成为真正的高手的。

虽然我一向鼓励大家追寻自己的兴趣，但在这里仍需强调，生活中有些事情即便不感兴趣也是必须要做的。例如，打好基础，学好数学、英语和计算机的使用就是这一类必须做的事情。如果你对数学、英语和计算机有兴趣，那你是幸运儿，可以享受学习的乐趣；但就算你没有兴趣，你也必须把这些基础打好。打基础是苦功夫，不愿吃苦是不能修得正果的。

实践贯通：做过的才真正明白

上高中时，许多学生会向老师提出"为什么？有什么用？"的问题，通常，老师给出的答案都是"不准问"。进入大学后，这些问题的答案应该是"不准不问"。在大学里，同学们应该懂得每一个学科的知识、理论、方法与具体的实践、应用如何结合起来，尤其是工科的学生更是如此。

有一句关于实践的谚语是这样说的：我听到的会忘掉，我看到的能记住，我做过的才真正明白。

无论学习何种专业、何种课程，如果能在学习中努力实践，做到融会贯通，我们就可以更深入地理解知识体系，可以牢牢地记住学过的知识。因此，我建议同学们多选些与实践相关的专业课。实践时，最好是几个同学合作，这样，既可以经过实践理解专业知识，也可以学会如何与人合作，培养团队精神。如果有机会在老师手下做些实际的项目，或者走出校门打工，只要不影响课业，这些做法都是值得鼓励的。外出打工或做项目时，不要只看重薪酬待遇（除非生活上确实有困难），有时候，即便待遇不满意，但有许多培训和实践的机会，我们也值得一试。

以计算机专业为例，实践经验对于软件开发来说更是必不可少的。微软公司希望应聘程序员的大学毕业生最好有十万行的编程经验。理由很简单：实践性的技术要在实践中提高。计算机归根结底是一门实践的学问，不动手是永远也学不会的。因此，最重要的不是在笔试中考高分，而是实践能力。但是，在与中国学生的交流过程中，我很惊讶地发现，中国某些学校计算机系的学生到了大三还不会编程。这些大学里的教学方法和课程的确需要更新。如果你不巧是在这样的学校中就读，那你就应该从打工、自学或上网的过程中寻求学习和实践的机会。在网上可以找到许多实践项目，例如，有一批爱好编程的学生建立了一个讨论软件技术的网站（www.diyinside.com），在其中共享他们的知识和实践经验，并成功举办了很多次活动（如在各大高校举办校园技术教育会议），还出版了帮助学生提高技术、解答疑难方面的图书，该网站有多位成员获得了"微软最有价值的专家"的称号。

培养兴趣：开阔视野，立定志向

孔子说："知之者不如好之者，好之者不如乐之者。"如果你对某个领域充满激情，你就有可能在该领域中发挥自己所有的潜力，甚至为它而废寝忘食。这时候，你已经不是为了成功而学习，而是为了"享受"而学习了。我也曾谈到我自己是如何在大学期间放弃了我不感兴趣的法律专业而进入我所热爱的计算机专业学习的。

有些同学问我，如何像我一样能找到自己的兴趣呢？我觉得，首先要客观地评估和寻找自己的兴趣所在：不要把社会、家人或朋友认可和看重的事当作自己的爱好；不要以为有趣的事就是自己的兴趣所在，而是要亲身体验它并用自己的头脑做出判断；不要以为有兴趣的事情就可以成为自己的职业，例如，喜欢玩网络游戏并不代表你会喜欢或有能力开发网络游戏；不要以为有兴趣就意味着自己有这方面的天赋，不过，你可以尽量寻找天赋和兴趣的最佳结合点，例如，如果你对数学有天赋但又喜欢计算机专业，那么你完全可以做计算机理论方面的研究工作。

最好的寻找兴趣点的方法是开阔自己的视野，接触众多的领域。唯有接触你才能尝试，唯有尝试你才能找到真爱。而大学正是这样一个可以让你接触并尝试众多领域的独一无二的场所。因此，大学生应当更好地把握在校时间，充分利用学校的资源，通过使用图书馆资源、旁听课程、搜索网络、听讲座、打工、参加社团活动、与朋友交流、使用电子邮件和电子论坛等不同方式接触更多的领域、更多的工作类型和更多的专家学者。当年，如果我只是乖乖地到法律系上课，而不去尝试旁听计算机系的课程，我就不会去计算机中心打工，也不会去找计算机系的助教切磋，就更不会发现自己对计算机的浓厚兴趣。

通过开阔视野和接触尝试，如果你发现了自己真正的兴趣爱好，这时就可以去尝试转系、尝试课外学习、选修或旁听相关课程；你也可以去找一些打工或假期实习的机会，进一步理解相关行业的工作性质；或者，努力去考自己感兴趣专业的研究生，重新进行一次专业选择。其实，本科读什么专业并不能完全决定毕业后的工作方向，大学的学习过程培养的是学习能力，只要具备了这种能力，即使从事的是全新的工作，也能在边做边学的过程中获取足够的知识和经验。

除了"选你所爱"，大家也不妨试试"爱你所选"。有些同学后悔自己在入学时选错了专业，以至于对所学的专业缺乏兴趣，没有学习动力；有些同学则因为追寻兴趣而"走火入魔"，毕业后才发现荒废了本专业的课程；另一些同学因为在学习上遇到了困难或对本专业抱有偏见，就以兴趣为借口，不愿意面对自己的专业。这些做法都是不正确的。

在大学中，转系可能并不容易，所以，大家首先应尽力试着把本专业读好，并在学习过程中逐渐培养自己对本专业的兴趣。此外，一个专业里可能有很多不同的领域，也许你对专业里的某一个领域会有兴趣。现在，有很多专业发展了交叉学科，两个专业的结合往往是新的增长点。因此，只要多接触、多尝试，你也许就会碰到自己真正感兴趣的方向。"数字笔"的发明人王坚博士在微软亚洲研究院负责用户界面的研究，可是谁又能想到他从本科到博士所学的都是心理学专业，而用户界面又正是计算机和心理学专业的最佳结合点。另一方面，就算你毕业后要从事其他的行业，你依然可以把自己的专业读好，这同样能成为你在新行业中的优势。例如，有一位同学不喜欢读工科，想毕业后进入服务业发展，我就建议他先把工科读好，将来可以在服务业中以精通技术作为自己的特长。

人生的路很长，每个人都可以有很多不同的兴趣爱好。在追寻兴趣之外，更重要的是要找寻自己的志向。有一个作家访问了几百个成功者，问他们有哪件事是他们今天已经懂得、但在年轻时却留下了遗憾的。在受访者的回答中，最多的是："希望在年轻时就有前辈告诉我、鼓励我去追寻自己的理想和志向。"相比之下，兴趣固然关键，但志向更为重要。例如，我的志向是"使影响力最大化"，多年以来，我有许多兴趣爱好，如语音识别、对弈软件、多媒体、研究到开发的转换、管理学、满足用户需求、演讲和写作、帮助大学生等，兴趣可以改变，但我的志向是始终不渝的。因此，大家不必把某种兴趣当作自己最后的目标，也不必把任何一种兴趣的发展道路完全切断，在志向的指引下，不同的兴趣完全可以平行发展，实在必要时再做出最佳的抉择。志向就像罗盘，兴趣就像风帆，两者相辅相成、缺一不可，让你驶向理想的港湾。

积极主动：果断负责，创造机遇

创立"开复学生网"时，我的初衷是"帮助学生帮助自己"。但让我很惊讶的是，更多的学生希望我直接帮他们做出决定，甚至仅在简短的几句自我介绍后就直接对我说："只有你能告诉我，我该怎么做。"难道一个陌生人会比你更知道自己该怎么做吗？我慢慢认识到，这种被动的思维方式是教育环境中培养出来的。被动的人总是习惯性地认为他们现在的境况是他人和环境造成的，如果别人不指点，环境不改变，自己就只有消极地生活下去。持有这种态度的人，事业还没有开始，自己就已经被击败，我从来没见过这样消极的人可以取得持续的成功。

从大学的第一天开始，你就必须从被动转向主动，你必须成为自己未来的主人，你必须积极地管理自己的学业和将来的事业，理由很简单：因为没有人比你更在乎你自己的工作与生活。"让大学生活对自己有价值"是你的责任。许多同学到了大四才开始做人生和职业规划，而**一个主动的学生应该从进入大学时就开始规划自己的未来**。

积极主动的第一步是要有积极的态度。大家可以积极规划自己的人生目标，追寻兴趣并尝试新的知识和领域。有一句话这样说："在任何特定的环境中，人们还有一种最后的自由，就是选择自己的态度。"

积极主动的第二步是对自己的一切负责，勇敢面对人生。不要把不确定的或困难的事情一味搁置起来。比如说，有些同学认为英语重要，但学校不考试就不学英语；或者，有些同学觉得自己需要参加社团磨炼人际关系，但是因为害羞就不积极报名。但是，我们必须认识到，不去解决也是一种解决，不做决定也是一个决定，这样的做法将使你面前的机会丧失殆尽。

积极主动的第三步是要做好充分的准备：事事用心，事事尽力，不要等机遇上门；要把握住机遇，创造机遇。朱清时院士在大三时被分配到青海做铸造工人。但他不像其他同学那样放弃学习，整天打扑克、喝酒。他依然终日钻研数理化和英语。六年后，中国科学院要在青海做一个重要的项目，他脱颖而出，开始了辉煌的事业。很多人可能说他运气好，被分配到缺乏人才的青海，才有这机会。但是，如果他没有努力学习，也无法抓住这个机遇。所以，做好充分的准备，当机遇来临时，你才能抓住它。

积极主动的第四步是"以终为始"，积极地规划大学四年。任何规划都将成为你某个阶段的终点，也将成为你下一个阶段的起点，而你的志向和兴趣将为你提供方向和动力。如果不知道自己的志向和兴趣，应该马上制订一个发掘志向和兴趣的计划；如果不知道毕业后要做什么，应该马上制订一个尝试新领域的计划；如果不知道自己最欠缺什么，应该马上写一份简历，找你的老师、朋友打分，或自己审阅，看看哪里需要改进；如果毕业后想出国读博士，应该想想如何让自己在申请出国前有具体的研究经验和学术论文；如果毕业后想进入某个公司工作，应该收集该公司的招聘广告，以便和你自己的履历对比，看自己还欠缺哪些经验。只要认真制订、管理、评估和调整自己的人生规划，你就会离你自己的目标越来越近。

掌控时间：事分轻重缓急，人应自控自觉

除了积极主动的态度，大学生还要学会安排自己的时间，管理自己的事务。一位同学是这么描述大学生活的："大学和高中相比似乎没有什么太大的区别，每天依旧是学习，每次考试后依旧是担心考试成绩……不同的只是大学里上网的时间和睡觉的时间多了很多，压力也小了很多。"

这位同学并不明白，"时间多了很多"正是大学与高中之间巨大的差别。时间多了，就需要自己安排时间、计划时间、管理时间。

安排时间除了做一个时间表外，更重要的是"事分轻重缓急"。在《高效能人士的七个习惯》一书中，作者史蒂芬·柯维提出，"重要事"和"紧急事"的差别是人们浪费时间的最大理由之一。因为人的惯性是先做最紧急的事，但这么做会导致一些重要的事被荒废掉。例如，我认为这篇文章里谈到的各种学习都是"重要的"，但它们不见得都是老师布置的必修课业，采纳我的建议的同学们依然会因为考试、交作业等紧急的事情而荒废了打好基础、学习做人等重要的事情。因此，每天管理时间的一种好方法是，早上确定今天要做的紧急事和重要事，睡前回顾一下，这一天有没有做到两者的平衡。

每个人都有许多"紧急事"和"重要事"，想把每件事都做到最好是不切实际的。我建议大家把"必须做的事"和"尽量做的事"分开。必须做的事要做到最好，但尽量做的事尽力而为即可。建议大家用良好的态度和宽广的胸怀接受那些你暂时不能改变的事情，多关注那些你能够改变的事情。此外，还要注意生物钟的运行规律，按时作息，劳逸结合，这样才能在学习时有最好的状态。

大学四年是最容易迷失方向的时期。大学生必须有自控的能力，让自己交些好朋友，学些好习惯，不要沉迷于对自己无益的习惯（如网络游戏）里。一位积极、主动的中国学生在"开复学生网"上劝告其他同学："不要玩游戏，至少不要玩网络游戏。我所认识的专业水平比较高的大学朋友中没有一个玩网络游戏的。沉迷于网络游戏是对于现实的逃避，是不愿面对自己不足的一面。我认为，要脱离网络游戏，就得珍惜自己宝贵的大学时间，找到自己感兴趣的方向，做一些有意义并能给自己带来满足感的事情。"

为人处世：培养友情，参与群体

很多大学生入校时都是第一次离开父母，离开自己生长的环境。进入校园开始集体生活后，如何与同学、朋友以及社团的同事相处就成了大学生学习内容的一部分。大学是大家最后一次可以在相对宽松的环境中学习、培养、训练如何与人相处的时期。在未来，人们在社会里、在工作中与人相处的能力会变得越来越重要，甚至超过了工作本身。所以，大学生要好好把握机会，培养自己的交流意识和团队精神。

"人际交往能力不够强，人际圈子不够广，但又没有什么特长可以引起大家的注意，在社团里也不知道怎么和其他人有效地建立联系。"这是一些大学生在人际交往方面经常遇到的困惑。对于如何在大学期间提高人际交往能力，我的建议是有以下几条。

第一，以诚待人，以责人之心责己、以恕己之心恕人。对别人要抱着诚挚、宽容的胸襟，对自己要怀着自我批评、有过必改的态度。与人交往时，你怎样对待别人，别人也会怎

样对待你。这就好比照镜子一样，你自己的表情和态度，可以从他人对你流露出的表情和态度中一览无遗。你若以诚待人，别人也会以诚待你。你若敌视别人，别人也会敌视你。最真挚的友情和最难解的仇恨都是由这种"反射"原理逐步造成的。因此，当你想修正别人时，你应该先修正自己。你想别人怎么对你，你就应该怎么对人。你想他人理解你，你就要首先理解他人。

第二，**培养真正的友情**。如果能做到第一点，很多大学时的朋友就会成为你一辈子的知己。在一起求学和寻求自身发展的道路上，这样的友谊弥足珍贵。交朋友时，不要只去找与你性情相近或只会附和你的人做朋友。好朋友有很多种：乐观的朋友、智慧的朋友、脚踏实地的朋友、幽默风趣的朋友、激励你上进的朋友、提升你能力的朋友、帮你了解自己的朋友、对你说实话的朋友等。此外，大学时谈恋爱也可以教你如何照顾别人，增进同理心和自控力，但恋爱这件事要随缘，不必为了谈恋爱而谈恋爱。

第三，**学习团队精神和沟通能力**。社团是微观的社会，参与社团是步入社会前最好的磨炼。在社团中，可以培养团队合作的能力和领导才能，也可以发挥你的专业特长。但更重要的是，你要做一个诚心诚意的服务者和志愿者，或在担任学生工作时主动扮演同学和老师之间沟通桥梁的角色，并以此锻炼自己的沟通能力，为同学和老师服务。这样的学习过程也不会很轻松，挫折是肯定有的，但是不要灰心，大学社团里的人际交往是一种不用"付学费"的学习，犯了错误也可以重头来过。

第四，**从周围的人身上学习**。在班级里、社团中，多观察周围的同学，特别是那些你觉得交往能力和沟通能力特别强的同学，看他们是如何与人相处的。比如，看他们如何处理交往中的冲突、如何说服他人和影响他人、如何发挥自己的合作和协调能力、如何表达对他人的尊重和真诚、如何表示赞许或反对、如何在不冒犯他人的情况下充分展示个性等。通过观察和模仿，你渐渐地会发现，自己的人际交往能力会有意想不到的改进。在学校里，每一个朋友都可以成为你的良师，他们的热心、幽默、机智、博学、正直、沟通、礼貌等品德都可以成为你的学习对象。你也应当慷慨地帮助每一个朋友，试着做他们的良师和模范。

第五，**提高自身修养和人格魅力**。如果觉得没有特长、没有爱好可能会成为自己人际交往能力提高的一个障碍，那么，你可以有意识地去选择和培养一些兴趣爱好。共同的兴趣和爱好也是你与朋友建立深厚感情的途径之一。很多在事业上有所建树的人都不是只会闭门苦读的书呆子，他们大多都有自己的兴趣和爱好。我在微软亚洲研究院的同事中就有绘画、桥牌和体育运动方面的高手。业余爱好不仅是人际交往的一种方式，还可以让大家发掘出自己在读书以外的潜能。例如，体育锻炼既可以发挥你的运动潜能，也可以培养你的团队合作精神。如果真的没有什么兴趣爱好，那么，多读些好书丰富自己的知识也可以改进自己的人际交往能力，因为没有什么比智慧和渊博更能体现一个人的人格魅力了。

所以，学会与人相处，这也是大学中的一门"必修课"。

对大学生们的期望

踏入大学校门时，你还是一个忙碌的、青涩的、被动的、为分数读书的、被家庭保护着的中学毕业生。

就读大学时，你应当学好自修之道、基础知识、实践贯通道、兴趣培养道、积极主动的人生态度、掌控时间的能力、为人处世的能力。

经过大学四年，你会从思考中确立自我，从学习中寻求真理，从独立中体验自主，从计划中把握时间，从交流中锻炼表达，从交友中品味成熟，从实践中赢得价值，从兴趣中享受快乐，从追求中获得力量。

离开大学时，只要做到了这些，你最大的收获将是"对什么都可以拥有的自信和渴望"。你就能成为一个有潜力、有思想、有价值、有前途的未来主人翁。

所以，我认为大学四年应这样度过。

（资料来源：开复学生网 http://www.kaifulee.com）

附录 2
霍兰德职业索引

RIA：牙科技术员、陶工、建筑设计员、模型工、细木工、制作链条人员。

RIS：厨师、林务员、跳水员、潜水员、染色员、电器修理、眼镜制作、电工、纺织机器装配工、服务员、装玻璃工人、发电厂工人、焊接工。

RIE：建筑和桥梁工程人员、环境工程人员、航空工程人员、公路工程人员、电力工程人员、信号工程人员、电话工程人员、一般机械工程人员、自动工程人员、矿业工程人员、海洋工程人员、交通工程技术人员、制图员、家政经济人员、计量员、农民、农场工人、农业机械操作、清洁工、无线电修理人员、汽车修理人员、手表修理人员、管子工、线路装配工、工具仓库管理员。

RIC：船上工作人员、接待员、杂志保管员、牙医助手、制帽工、磨坊工、石匠、机器制造人员、机车（火车头）制造、农业机器装配人员、汽车装配工、缝纫机装配工、钟表装配和检验人员、电动器具装配员、鞋匠、锁匠、货物检验员、电梯机修工、托儿所所长、钢琴调音员、装配工、印刷工、建筑钢铁工、卡车司机。

RAI：手工雕刻员、玻璃雕刻员、制作模型人员、家具木工、皮革品制作人员、手工绣花人员、手工钩针纺织人员、排字工、印刷工、图画雕刻人员、装订工。

RSE：消防员、交通巡警、警察、门卫、理发师、房间清洁工、屠夫、锻工、开凿工人、管道安装工、出租汽车驾驶员、货物搬运工、送报员、勘探员、娱乐场所的服务员、起卸机操作工、灭害虫者、电梯操作工、厨房助手。

RSI：纺织工、编织工、农业学校教师、某些职业课程教师（诸如艺术、商业、技术、工艺课程）、雨衣上胶工。

REC：抄水表员、保姆、实验室动物饲养员、动物管理员。

REI：轮船船长、航海领航员、大副、试管实验员。

RES：旅馆服务员、家畜饲养员、渔民、渔网修补工、水手长、收割机操作工、搬运行李工人、公园服务员、救生员、登山导游、火车工程技术员、建筑工人、铺轨工人。

RCI：测量员、勘测员、仪表操作者、农业工程技术、化学工程技师、民用工程技师、石油工程技师、资料室管理员、探矿工、煅烧工、烧窑工、矿工、保养工、磨床工、取样工、样品检验员、纺纱工、炮手、漂洗工、电焊工、锯木工、刨床工、制帽工、手工缝纫工、油漆工、染色工、按摩工、木匠、农民建筑工人、电影放映员、勘测员助手。

RCS：公共汽车驾驶员、一等水手、游泳池服务员、裁缝、建筑工人、石匠、烟囱修建工、混凝土工人、电话修理工、爆炸手、邮递员、矿工、裱糊工人、纺纱工。

RCE：打井工、吊车驾驶员、农场工人、邮件分类员、铲车司机、拖拉机司机。

IAS：普通经济学家、农场经济学家、财政经济学家、国际贸易经济学家、实验心理学家、工程心理学家、心理学家、哲学家、内科医生、数学家。

IAR：人类学家、天文学家、化学家、物理学家、医学病理学家、动物标本剥制者、化石修复者、艺术品管理者。

ISE：营养学家、饮食顾问、火灾检查员、邮政服务检查员。

ISC：侦察员、电视播音室修理员、电视修理服务员、验尸室人员、编目录者、医学实验室技师、调查研究者。

ISR：水生生物学者，昆虫学者、微生物学家、配镜师、矫正视力者、细菌学家、牙科医生、骨科医生。

ISA：实验心理学家、普通心理学家、发展心理学家、教育心理学家、社会心理学家、临床心理学家、目录学家、皮肤病学家、精神病学家、妇产科医师、眼科医生、五官科医生、医学实验室技术专家、民航医务人员、护士。

IES：细菌学家、生理学家、化学专家、地质专家、地理物理学专家、纺织技术专家、医院药剂师、工业药剂师、药房营业员。

IEC：档案保管员、保险统计员。

ICR：质量检验技术员、地质学技师、工程师、法官、图书馆技术辅导员、计算机操作员、医院听诊员、家禽检查员。

IRA：地理学家、地质学家、水文学家、矿物学家、古生物学家、石油学家、地震学家、声学物理学家、原子和分子物理学家、电学和磁学物理学家、气象学家、设计审核员、人口统计学家、数学统计学家、外科医生、城市规划家、气象员。

IRS：流体物理学家、物理海洋学家、等离子体物理学家、农业科学家、动物学家、食品科学家、园艺学家、植物学家、细菌学家、解剖学家、动物病理学家、植物病理学家、药物学家、生物化学家、生物物理学家、细胞生物学家、临床化学家、遗传学家、分子生物学家、质量控制工程师、地理学家、兽医、放射性治疗技师。

IRE：化验员、化学工程师、纺织工程师、食品技师、渔业技术专家、材料和测试工程师、电气工程师、土木工程师、航空工程师、行政官员、冶金专家、原子核工程师、陶瓷工程师、地质工程师、电力工程师、口腔科医生、牙科医生。

IRC：飞机领航员、飞行员、物理实验室技师、文献检查员、农业技术专家、动植物技术专家、生物技师、油管检查员、工商业规划者、矿藏安全检查员、纺织品检验员、照相机修理者、工程技术员、编计算程序者、工具设计者、仪器维修工。

CRI：簿记员、会计、记时员、铸造机操作工、打字员、按键操作工、复印机操作工。

CRS：仓库保管员、档案管理员、缝纫工、讲述员、收款人。

CRE：标价员、实验室工作者、广告管理员、自动打字机操作员、电动机装配工、缝纫机操作工。

CIS：记账员、顾客服务员、报刊发行员、土地测量员、保险公司职员、会计师、估价员、邮政检查员、外贸检查员。

CIE：打字员、统计员、支票记录员、订货员、校对员、办公室工作人员。

CIR：校对员、工程职员、海底电报员、检修计划员、发报员。

CSE：接待员、通讯员、电话接线员、售票员、旅馆服务员、私人职员、商学教师、旅游办事员。

CSR：运货代理商、铁路职员、交通检查员、办公室通信员、簿记员、出纳员、银行财务职员。

CSA：秘书、图书管理员、办公室办事员。

CER：邮递员、数据处理员、航空邮件检查员。

CEI：推销员、经济分析家。

CES：银行会计、记账员、法人秘书、速记员、法院报告人。

ECI：银行行长、审计员、信用管理员、地产管理员、商业管理员。

ECS：信用办事员、保险人员、各类进货员、海关服务经理、售货员、购买员、会计。

ERI：建筑物管理员、工业工程师、农场管理员、护士长、农业经营管理人员。

ERS：仓库管理员、房屋管理员、货栈监督管理员。

ERC：邮政局长、渔船船长、机械操作领班、木工领班、瓦工领班、驾驶员领班。

EIR：科学、技术和有关周期出版物的管理员。

EIC：专利代理人、鉴定人、运输服务检查员、安全检查员、废品收购人员。

EIS：警官、侦察员、交通检验员、安全咨询员、合同管理者、商人。

EAS：法官、律师、公证人。

EAR：展览室管理员、舞台管理员、播音员、驯兽员。

ESC：理发师、裁判员、政府行政管理员、财政管理员、工程管理员、职业病防治员、售货员、商业经理、办公室主任、人事负责人、调度员。

ESR：家具售货员、书店售货员、公共汽车的驾驶员、日用品售货员、护士长、自然科学和工程的行政领导。

ESI：博物馆管理员、图书馆管理员、古迹管理员、饮食业经理、地区安全服务管理员、技术服务咨询者、超级市场管理员、零售商品店店员、批发商、出租汽车服务站调度。

ESA：博物馆馆长、报刊管理员、音乐器材售货员、导游、（轮船或飞机上的）事务长、飞机上的服务员、船员、法官、律师。

ASE：戏剧导演、舞蹈教师、广告撰稿人，报刊专栏作者、记者、演员、英语翻译。

ASI：音乐教师、乐器教师、美术教师、管弦乐指挥、合唱队指挥、歌星、演奏家、哲学家、作家、广告经理、时装模特。

AER：新闻摄影师、电视摄影师、艺术指导、录音指导、丑角演员、魔术师、木偶戏演员、骑士、跳水员。

AEI：音乐指挥、舞台指导、电影导演。

AES：流行歌手、舞蹈演员、电影导演、广播节目主持人、舞蹈教师、口技表演者、喜剧演员、模特。

AIS：画家、剧作家、编辑、评论家、时装艺术大师、新闻摄影师、男演员、文学作者。

AIE：花匠、皮衣设计师、工业产品设计师、剪影艺术家、复制雕刻品大师。

AIR：建筑师、画家、摄影师、绘图员、环境美化工、雕刻家、包装设计师、陶器设计师、绣花工、漫画工。

SEC：社会活动家、退伍军人服务官员、工商会事务代表、教育咨询者、宿舍管理员、旅馆经理、饮食服务管理员。

SER：体育教练、游泳指导。

SEI：大学校长、学院院长、医院行政管理员、历史学家、家政经济学家、职业学校教师、资料员。

SEA：娱乐活动管理员、国外服务办事员、社会服务助理、一般咨询者、宗教教育工作者。

SCE：部长助理、福利机构职员、生产协调员、环境卫生管理人员、戏院经理、餐馆经理、售票员。

SRI：外科医师助手、医院服务员。

SRE：体育教师、职业病治疗者、体育教练、专业运动员、房管员、儿童家庭教师、警察、引座员、传达员、保姆。

SRC：护理员、护理助理、医院勤杂工、理发师、学校儿童服务人员。

SIA：社会学家、心理咨询者、学校心理学家、政治科学家、大学或学院的系主任、大学或学院的教育学教师、大学农业教师、大学工程和建筑课程的教师、大学法律教师、大学数学、医学、物理、社会科学和生命科学的教师、研究生助教、成人教育教师。

SIE：营养学家、饮食学家、海关检查员、安全检查员、税务稽查员、校长。

SIC：描图员、兽医助手、诊所助理、体检检查员、监督缓刑犯的工作者、娱乐指导者、咨询人员、社会科学教师。

SIR：理疗员、救护队工作人员、手足病医生、职业病治疗助手。

附录3
职业价值观测评

下列题目中有 A、B 两种观点和态度，请加以比较，给每个选项按照：最想（5分）、比较想（4分）、一般（3分）、有点想（2分）、不想（1分）打分。

1. A 做事果断，认为即使有所损失，以后也可以再挣回来。
   B 做事三思而后行，没有切实可靠的赢利把握就不着手做。
2. A 经济力量在发挥作用，从而国家繁荣。
   B 军事力量在发挥作用，从而国家繁荣。
3. A 想当政治家。
   B 想当法官。
4. A 对一个人的了解，始于他（她）的穿着打扮或居住条件。
   B 认识一个人不能够仅从外表进行判断。
5. A 为大刀阔斧地工作，必须养精蓄锐。
   B 必要时愿意随时献血。
6. A 想领养孤儿抚养。
   B 不愿让其他任何人留在自己家中。
7. A 买汽车时会选择买全家能乘的大型汽车。
   B 买汽车时比较注重汽车外形和颜色。
8. A 留意他人和自己的服装。
   B 对于自己和他人的事，全都不放在心上。
9. A 结婚前首先确保自己有房子。
   B 认为眼前的事最重要，不考虑以后的事。
10. A 与他人相处能够照顾到各个方面，被认为是个考虑周到的人。
    B 认为自己是有判断力的人。
11. A 不随波逐流，认为自己的生活方式同他人不一样也无所谓。
    B 愿意与人攀比，认为其他人家里有的东西自己也应凑齐。
12. A 为能被授予勋章而努力。
    B 心地善良，暗地帮助不幸的人。
13. A 时常自以为是，认为自己的想法比别人的都正确。
    B 比较客观，认为必须尊重他人的价值观。
14. A 最好是婚礼能上电视，而且有人赞助。
    B 希望把自己的婚礼搞得比别人更有气派。
15. A 被周围的人认为有眼光，能推断将来的事。
    B 被认为是处事果断的人。
16. A 有事业心，店面虽小，也想自己经营。

B 不干被人轻蔑的工作。
17. A 很关心佣金、利息。
　　　B 在陌生的环境里，对自己的能力和适应性十分关心。
18. A 认为人的一生中只有获胜才有意义。
　　　B 认为人应该互相帮忙。
19. A 在社会地位和收入两者中，认为前者更有吸引力。
　　　B 认为安定相比社会地位更实惠。
20. A 对社会惯例并不重视。
　　　B 善于表达并且有幽默感，经常被邀请主持婚礼。
21. A 乐于同独身生活的老人交谈。
　　　B 不愿为别人做事，嫌麻烦。
22. A 生活中的每一天都过得十分充实。
　　　B 时常得过且过，只要还有生活费就不想干活。
23. A 认为学习在人的一生中很重要，有空闲就想学习充电。
　　　B 时常考虑如何掌握被他人喜欢的方法。
24. A 总想一鸣惊人。
　　　B 对生活没有过高的要求，平平淡淡才是真。
25. A 认为用金钱就能买到别人的好意。
　　　B 在人的一生中，爱比金钱更重要。
26. A 对未来有一种恐惧感，一考虑到将来就紧张不安。
　　　B 认为将来无论能否成功都不重要。
27. A 总是认为自己还有机会，伺机重新大干一番。
　　　B 关心发展中国家人民的生活情况。
28. A 认为应该尽量地利用亲戚们的关系网。
　　　B 亲戚之间应该友好相处，并且互相帮忙。
29. A 如果可以变成动物的话愿意变成狮子。
　　　B 如果可以变成动物的话愿意变成熊猫。
30. A 生活有规律，严格遵守作息时间。
　　　B 愿意轻松地生活，讨厌忙忙碌碌。
31. A 有空的话想读成功者的传记，以便从中得到启示。
　　　B 有空的话就看电视或者干脆睡觉。
32. A 认为干不赚钱的事是没有意思的。
　　　B 时常请客或送礼给对自己有用的人。
33. A 对于能够决出胜负的事情感兴趣。
　　　B 擅长于改变家室布局和修理东西。
34. A 对自己的行为十分有自信心。
　　　B 认为协作十分重要，所以注意与对方合作。

35. A 常向别人借东西，却不愿意借东西给别人。
    B 时常忘记借进或借出的东西。
36. A 认为人生由命运决定是错误的。
    B 玩世不恭，认为被命运摆布也很有趣。

计算方法

把上面各题的得分带入下面的类型中，计算各类型得分

自由型：1A，15A，16A，26A，27A，33A，34A

经济型：1B，2A，14A，17A，25A，28A，32A，35A

支配型：2B，3A，13A，15B，18A，24A，29A，31A，36A

小康型：3B，4A，12A，14B，16B，19A，23A，30A

自我实现型：4B，5A，11A，13B，17B，20A，22A，26B

志愿型：5B，6A，10A，12B，18B，21A，25B，27B

技术型：6B，7A，9A，11B，19B，24B，28B，33B

合作型：7B，8A，10B，20B，23B，29B，32B，34B

享受型：8B，9B，21B，22B，30B，31B，35B，36B

得分高的三项是哪些？_____

得分低的三项是哪些？_____

你认可吗？为什么？_____

_____

_____

_____

_____

_____

类型解释：

自由型

特点：在一定程度上不受别人指使，不愿受人干涉，想充分施展本领。

相应的职业类型：室内装饰专家、摄影师、作家、演员、记者、诗人、作曲家、编剧、雕刻家、漫画家等。

经济型

特点：认为世界上的各种关系都建立在金钱的基础上，这种类型的人确信金钱的重要性。

相应的职业类型：各种职业中都有这种类型的人，尤其是商人。

支配型
特点：相当于组织的一把手，无视他人的想法。

相应的职业类型：旅馆经理、饭店经理、广告宣传员、调度员、律师、政治家、零售商等。

小康型（自尊型）
特点：优越感强，渴望能有社会地位和名誉，希望常常受到众人尊敬。欲望得不到满足时，由于过于强烈的自我意识，有时反而很自卑。

相应的职业类型：记账员、会计、银行出纳、法庭速记员、成本估算员、税务员、核算员、打字员、办公室职员、统计员、计算机操作员等。

自我实现型
特点：不关心平常的幸福，一心一意想发挥个性，追求真理。不考虑收入、地位及他人对自己的看法，尽力挖掘自己的潜力，施展自己的本领，并视此为有意义的生活。

相应的职业类型：气象学者、生物学者、天文学家、药剂师、动物学者、化学家、科学报刊编辑、地质学家、植物学者、物理学者、数学家、实验员、科研人员等。

志愿型
特点：富于同情心，把他人的痛苦视为自己的痛苦，不愿干表面上哗众取宠的事，把默默地帮助不幸的人视为快乐。

相应的职业类型：社会学者、导游、福利机构工作者、咨询人员、社会工作者、教师、护士等。

技术型
特点：性格沉稳，做事组织严密，井井有条，并且对未来充满平常心态。

相应的职业类型：工程师、飞机机械师、野生动物专家、自动化技师、机械工、电工、火车司机、公共汽车司机、机械制图员等。

合作型
特点：人际关系较好，认为朋友是最大的财富。

相应的职业类型：公关人员、推销人员、秘书等。

享受型
特点：喜欢安逸的生活，不愿从事任何挑战性的工作。

相应的职业类型：无固定职业类型。

附录 4
《中华人民共和国职业分类大典》内容摘录

第一大类：国家机关、党群组织、企业、事业单位负责人

代码	职业名称	职业说明
1-01（GBM 0-1）	中国共产党中央委员会和地方各级党组织负责人	在中国共产党中央委员会和地方各级党组织中担任领导职务的人员
1-02（GBM 0-2）	国家机关及其工作机构负责人	在各级人民代表大会常务委员会、人民政协、人民法院、人民检察院、国家行政机关及其工作机构中担任领导职务并具有决策、管理权的人员
1-02-01（GBM 0-21）	国家权力机关及其工作机构负责人	在各级人民代表大会常务委员会及其工作机构中担任领导职务并具有决策、管理权的人员
1-02-02（GBM 0-22）	人民政协及其工作机构负责人	在各级人民政协及其工作机构中担任领导职务并具有决策、管理权的人员
1-02-03（GBM 0-23）	人民法院负责人	在最高人民法院、地方各级人民法院以及专门人民法院担任领导职务并具有决策、管理权的人员
1-02-04（GBM 0-24）	人民检察院负责人	在最高人民检察院、地方各级人民检察院和军事检察院担任领导职务并具有决策、管理权的人员
1-02-05（GBM 0-25）	国家行政机关及其工作机构负责人	在各级国家行政机关及其工作机构中担任领导职务并具有决策、管理权的人员
1-02-99（GBM 0-29）	其他国家机关及其工作机构负责人	指未列入 1-02-01 至 1-02-05 的国家机关及其工作机构负责人
1-03（GBM 0-3）	民主党派和社会团体及其工作机构负责人	在各民主党派，工会、共青团、妇联等人民团体，群众自治组织和其他社会团体及其工作机构中担任领导职务并具有决策管理权的人员
1-03-01（GBM 0-31）	民主党派负责人	在各民主党派各级组织机构中担任领导职务并具有决策、管理权的人员
1-03-02（GBM 0-32）	工会、共青团、妇联等人民团体及其工作机构负责人	在工会、中国共产主义青年团、妇女联合会等人民团体各级组织及其工作机构中担任领导职务的专职人员
1-03-03（GBM 0-33）	群众自治组织负责人	在居民委员会或村民委员会担任领导职务的人员
1-03-99（GBM 0-39）	其他社会团体及其工作机构负责人	指未列入 1-03-01 至 1-03-03 的社会团体及其工作机构负责人
1-04（GBM 0-4）	事业单位负责人	在事业单位及其工作部门中担任领导职务并具有决策、管理权的人员
1-04-01（GBM 0-41）	教育教学单位负责人	在高等学校、中等职业教育学校、中学、小学和其他教育教学单位及其工作部门中担任领导职务并具有决策、管理权的人员
1-04-02（GBM 0-42）	卫生单位负责人	在医疗卫生、预防保健、康复、健康教育、采供血机构等卫生机构及其工作部门中担任领导职务并具有决策、管理权的人员

续表

代码	职业名称	职业说明
1-04-03（GBM 0-43）	科研单位负责人	在科研单位及其工作部门中担任领导职务并具有决策、管理权的人员
1-04-99（GBM 0-49）	其他事业单位负责人	指未列入 1-04-01 至 1-04-03 的事业单位负责人
1-05（GBM 0-5）	企业负责人	在企业及其职能部门中担任领导职务并具有决策、管理权的人员
1-05-01（GBM 0-50）	企业负责人	在企业及其职能部门中担任领导职务并具有决策、管理权的人员

第二大类：专业技术人员

代码	职业名称	职业说明
2-01（GBM 1-1 至 1-2）	科学研究人员	从事社会科学和自然科学研究工作的人员
2-01-01（GBM 1-11）	哲学研究人员	从事自然、社会与思维的一般规律研究的人员
2-01-02（GBM 1-12）	经济学研究人员	从事经济学理论研究，运用经济学原理对经济问题提出解决办法的人员
2-01-03（GBM 1-13）	法学研究人员	从事法学理论、法学史及宪法、刑法、民法、诉讼法、国际法等研究的人员
2-01-04（GBM 1-14）	社会学研究人员	从事人类社会的起源、发展、结构、社会模式及其相互关系等研究的人员
2-01-05（GBM 1-15）	教育科学研究人员	从事教育科学理论研究、教育科学应用研究的人员
2-01-06（GBM 1-16）	文学、艺术研究人员	从事文学、艺术理论、文艺美学和新闻学等研究的人员
2-01-07（GBM 1-17）	图书馆学、情报学研究人员	从事图书馆的组织与管理和图书、情报资料的选择与利用等理论研究的人员
2-01-08（GBM 1-18）	历史学研究人员	从事过去人类活动的断代、区域和专题研究的人员
2-01-09（GBM 1-19）	管理科学研究人员	从事社会各类组织及其活动管理的资源、环境、战略和机制的理论与方法研究的人员
2-01-10（GBM 1-21）	数学研究人员	从事数学理论研究，开发和改进数学方法，运用数学原理和技术解答科学研究、工程设计、计算机应用等领域专门问题的人员
2-01-11（GBM 1-22）	物理学研究人员	从事力、热、光、声、电磁、原子、分子、基本粒子等物理现象研究的人员
2-01-12（GBM 1-23）	化学研究人员	从事有机化学、无机化学、物理化学、分析化学、核化学、化学物理学、高分子化学、化学工程学等理论研究与应用研究的人员
2-01-13（GBM 1-24）	天文学研究人员	从事银河系、星系、太阳和其他恒星、行星、卫星等天文现象研究的人员
2-01-14（GBM 1-25）	地球科学研究人员	从事地球物理、地球化学、地质学、地理学、海洋科学、大气科学等研究的人员
2-01-15（GBM 1-26）	生物科学研究人员	从事生命现象和生命过程的理论研究及应用研究的人员
2-01-16（GBM 1-27）	农业科学研究人员	从事农、林、牧、渔、水利业的基础研究和应用研究的人员

续表

代码	职业名称	职业说明
2-01-17（GBM 1-28）	医学研究人员	从事基础医学、临床医学、预防医学、口腔医学、特种医学、药学以及中国传统医药学、中西医结合研究的人员
2-01-99（GBM 1-29）	其他科学研究人员	指未列入 2-01-01 至 2-01-17 的科学研究人员
2-02（GBM 1-3 至 1-6）	工程技术人员	从事矿物勘探和开采，产品开发和设计、制造、建筑、交通、通信及其他工程规划、设计、施工等的技术人员
2-02-01（GBM 1-31）	地质勘探工程技术人员	从事探测地球的内部结构、组成、构造特征和地层分布，绘制地质图件，确定石油、天然气、煤及其他金属与非金属矿床位置、储量及开发价值的工作技术人员
2-02-02（GBM 1-32）	测绘工程技术人员	从事地球整体及其表面和外层空间中的自然和人造物体与空间分布有关的信息采集、处理、存储、分析、管理、更新及利用的工程技术人员
2-02-03（GBM 1-33）	矿山工程技术人员	从事采矿、选矿与矿物加工生产工艺的开发、设计并进行生产的工程技术人员
2-02-04（GBM 1-34）	石油工程技术人员	从事石油与天然气钻井、开采工程技术与方法研究、储运系统规划、设计、生产的工程技术人员
2-02-05（GBM 1-35）	冶金工程技术人员	从事金属矿物冶炼、金属轧制、焦化及金属材料、耐火材料、碳素材料工艺技术研究、设计和生产的工程技术人员
2-02-06（GBM 1-36）	化工工程技术人员	从事化工产品生产的工艺实验、工艺设计和生产技术组织和工程技术人员
2-02-07（GBM 1-37）	机械工程技术人员	从事机械设计、机械制造、仪器仪表设计与制造和设备管理等的工程技术人员
2-02-08（GBM 1-38）	兵器工程技术人员	从事兵器装备的研究、设计、制造、技术开发和推广的工程技术人员
2-02-09（GBM 1-39）	航空工程技术人员	从事飞机及飞机发动机设计、制造的工程技术人员
2-02-10（GBM 1-41）	航天工程技术人员	从事导弹、运载火箭、航天器系统工程，航天控制系统工程，航天发动机与推进剂技术，航天电子、信息工程，航天发射与保障系统，航天材料、制造工程研制和工程技术人员
2-02-11（GBM 1-42）	电子工程技术人员	从事电子材料、电子元器件、微电子、雷达系统工程、广播视听设备、电子仪器等研究、设计、制造和使用维护的工程技术人员
2-02-12（GBM 1-43）	通信工程技术人员	从事光纤通信、卫星通信、数字微波通信、无线和移动通信、通信交换系统和综合业务数字网（ISDN）以及综合网和有线传输系统的研究、开发、设计、制造和使用与维护的工程技术人员
2-02-13（GBM 1-44）	计算机与应用工程技术人员	从事计算机硬件、软件、网络研究、设计、开发、调试、集成、维护和管理以及系统分析的工程技术人员
2-02-14（GBM 1-45）	电气工程技术人员	从事电机与电器、电力拖动与自动控制系统及装置、电线电缆与电工材料等研究、开发、设计、制造、试验的工程技术人员

续表

代码	职业名称	职业说明
2-02-15（GBM 1-46）	电力工程技术人员	从事电站与电力系统的研究、开发、设计、安装、运行、检修、管理的工程技术人员
2-02-16（GBM 1-47）	邮政工程技术人员	从事邮件处理、邮政信息处理、邮政局所和网络建设的工程技术人员
2-02-17（GBM 1-48）	广播电影电视工程技术人员	从事广播电视节目编播、信号传输和电影制作工艺设计及设备配置安装等的工程技术人员
2-02-18（GBM 1-49）	交通工程技术人员	从事汽车运用、船舶运用、水上交通及海上救助打捞和船舶检验等的工程技术人员
2-02-19（GBM 1-51）	民用航空工程技术人员	从事民用航空器维修与试航、空中交通管理、航行签派、通用航空生产等的工程技术人员
2-02-20（GBM 1-52）	铁路工程技术人员	从事铁路运营的研究、规划设计、生产制造、试验检测、维护保养的工程技术人员
2-02-21（GBM 1-53）	建筑工程技术人员	从事城镇规划设计，建筑物、公园、道路、机场等建筑项目设计、建造及管理的工程技术人员
2-02-22（GBM 1-54）	建材工程技术人员	从事建筑材料、非金属矿及其制品、无机非金属新材料等产品的研究、设计、生产的工程技术人员
2-02-23（GBM 1-55）	林业工程技术人员	从事林业生态环境建设、森林培育、园林绿化、天然林经营与保护、野生动物繁育、森林保护和森林开发、利用的工程技术人员
2-02-24（GBM 1-56）	水利工程技术人员	从事水资源勘测与开发及治河、泥沙治理的工程技术人员
2-02-25（GBM 1-57）	海洋工程技术人员	从事海洋调查与监测，海洋环境预报，海洋资源开发利用和保护，海洋工程勘察设计、咨询与监理的工程技术人员
2-02-26（GBM 1-58）	水产工程技术人员	从事水产养殖、渔业资源开发利用的工程技术人员
2-02-27（GBM 1-59）	纺织工程技术人员	从事纺纱、织造、染整等工艺开发、设计和生产的工程技术人员
2-02-28（GBM 1-61）	食品工程技术人员	从事罐头食品、烘焙食品、发酵制品、饮料、乳品、糖果、糕点等食品营养卫生研究和食品加工、储运养护等工艺技术开发与应用的工程技术人员
2-02-29（GBM 1-62）	气象工程技术人员	从事大气特性、大气现象、大气运动以及气象环境、气候变化的探测、研究、预报、预测和应用服务的工程技术人员
2-02-30（GBM 1-63）	地震工程技术人员	从事地震理论和应用研究、防震减灾技术研究，以及地震监测和预报的工程技术人员
2-02-31（GBM 1-64）	环境保护工程技术人员	对环境状态和结构改变、环境质量下降、环境功能衰退等过程进行监督管理、调查研究、分析监测及对环境污染进行控制、治理与环境修复的工程技术人员
2-02-32（GBM 1-65）	安全工程技术人员	从事安全科学技术研究、开发与推广，安全工程设计施工、安全生产运行控制，安全检测检验、监督监察、评估认证，事故调查分析与预测预防，安全工程专业教育与技术培训等工作的工程技术人员

续表

代码	职业名称	职业说明
2-02-33（GBM 1-66）	标准化、计量、质量工程技术人员	从事标准化和计量、质量的管理、监督、检验及其相关理论、技术与应用研究的工程技术人员
2-02-34（GBM 1-67）	管理（工业）工程技术人员	采用工程技术和经营管理等原理，对人、物料、设备、能源和信息等资源组成的集成生产与服务系统进行研究、规划、设计
2-02-99（GBM 1-69）	其他工程技术人员	指未列入 2-02-01 至 2-02-34 的工程技术人员
2-03（GBM 1-7）	农业技术人员	从事土壤肥料、植物保护、作物遗传育种、栽培和畜牧、兽医等农业技术工作的人员
2-03-01（GBM 1-71）	土壤肥料技术人员	从事土壤、农田水利、植物营养、肥料应用技术等的研究与推广，提出农、林、牧、渔业生态环境改善方法的技术人员
2-03-02（GBM 1-72）	植物保护技术人员	从事植物病、虫、草、鼠等有害生物综合治理技术研究与推广、示范，提出保护农作物免受有害生物或其他有害物质危害的措施，减少作物损失促进农业资源可持续发展的技术人员
2-03-03（GBM 1-73）	园艺技术人员	从事蔬菜、花卉、果树、茶叶等作物遗传资源、遗传育种、栽培和产后处理及高产、优质、高效、低耗种植技术的研究、示范、推广的技术人员
2-03-04（GBM 1-74）	作物遗传育种栽培技术人员	从事农作物品种遗传机理、育种方法、新品种栽培技术及其措施研究、推广的技术人员
2-03-05（GBM 1-75）	兽医兽药技术人员	从事动物疫病预防、诊断、治疗技术，动物疫情监测、动物及动物产品的检疫、检验技术，兽用生物制品、化学药品，兽用抗生素、中药及药物添加剂等技术推广应用和监督管理的技术人员
2-03-06（GBM 1-76）	畜牧与草业技术人员	从事畜禽、特种经济动物和牧草、草坪生产，品种资源保护，品种（品系）选育、改良、繁育，经营管理等技术推广应用的技术人员
2-03-99（GBM 1-79）	其他农业技术人员	指未列入 2-03-01 至 2-03-06 的农业技术人员
2-04（GBM 1-8）	飞机和船舶技术人员	从事飞机与船舶的加强、指挥、领航、通信和设备运行保障等工作的技术人员
2-04-01（GBM 1-81）	飞行人员和领航人员	从事飞机驾驶与领航、通信和设备运行保障等工作的技术人员
2-04-02（GBM 1-82）	船舶指挥和引航人员	从事船舶甲板部、轮机部指挥、协调及引航等工作的技术人员
2-04-99（GBM 1-89）	其他飞机和船舶技术人员	指未列入 2-04-01 至 2-04-02 的飞机和船舶技术人员
2-05（GBM 1-9）	卫生专业技术人员	从事医疗、预防、康复、保健以及相关工作的专业技术人员
2-05-01（GBM 1-91）	西医医师	在医疗、预防、保健机构中使用现代医疗手段、药物及相关技术从事人体疾病诊断、治疗、预防及康复的专业人员

续表

代码	职业名称	职业说明
2-05-02（GBM 1-92）	中医医师	以中医药阴阳五行、天人合一、四诊八纲、辨证施治等理论，运用中医药特有的方法和手段，结合现代科学知识和技术，对人体进行疾病诊断、治疗、预防、保健和康复等的专业人员
2-05-03（GBM 1-93）	中西医结合医师	综合运用中、西医两种医学理论和相关技术方法，对人体进行疾病诊断、治疗、康复和预防工作，保护与增进人体健康的专业人员
2-05-04（GBM 1-94）	民族医师	运用我国少数民族特有的传统医学理论和技术方法，结合现代科技手段，对人体进行疾病诊断、治疗、康复和预防工作，保护与增进人体健康的人员
2-05-05（GBM 1-95）	公共卫生医师	运用预防医学理论和技术，进行卫生防病和公共卫生监督监测的专业人员
2-05-06（GBM 1-96）	药剂人员	在医疗、预防或药品供应机构中，根据医师处方进行药物配置和分发，并辅助医师合理用药的专业人员
2-05-07（GBM 1-97）	医疗技术人员	在医疗和预防保健机构中，使用与医疗和预防相关的设备为临床服务的技术人员
2-05-08（GBM 1-98）	护理人员	从事病人、社会人群的身心整体护理、辅助医疗、指导康复和预防保健、健康教育的专业人员
2-05-99（GBM 1-99）	其他卫生专业技术人员	指未列入 2-05-01 至 2-05-08 的卫生专业技术人员
2-06（GBM 2-1）	经济业务人员	从事经济计划、统计、财会、审计、国际商务等业务工作的专业人员
2-06-01（GBM 2-11）	经济计划人员	从事各行业经营、生产、资金、项目及工作计划编制并监控实施的专业人员
2-06-02（GBM 2-12）	统计人员	对国民经济和社会的宏观、微观情况进行统计调查、统计分析，提供统计资料和统计咨询意见，实行统计监督的专业人员
2-06-03（GBM 2-13）	会计人员	从事国家机关、社会团体、企事业单位和其他经济组织会计核算和会计监督的专业人员
2-06-04（GBM 2-14）	审计人员	对被审计单位财政、财务收支及其他经济活动的真实性、合法性、合理性和效益性进行独立的经济检查与监督的专业人员
2-06-05（GBM 2-15）	国际商务人员	从事国际商品贸易、国际技术贸易等国际商务活动的专业人员
2-06-99（GBM 2-19）	其他经济业务人员	指未列入 2-06-01 至 2-06-05 的经济业务人员
2-07（GBM 2-2）	金融业务人员	研究和设计金融市场中金融产品、管理和运营金融资产、提供金融中介服务的专业人员
2-07-01（GBM 2-21）	银行业务人员	在储蓄性金融机构中以货币及其衍生物为工具，从事筹措资金、运营资金，以及为客户办理委托事项，提供非资金服务的工作人员
2-07-02（GBM 2-22）	保险业务人员	从事精算，保险推销、理赔等业务的专业人员

续表

代码	职业名称	职业说明
2-07-03（GBM 2-23）	证券业务人员	从事证券发行、证券交易等业务的专业人员
2-07-99（GBM 2-29）	其他金融业务人员	指未列入 2-07-01 至 2-07-03 的金融业务人员
2-08（GBM 2-3）	法律专业人员	依法行使审判权、检察权以及从事律师、公证、司法鉴定等工作的专业人员
2-08-01（GBM 2-31）	法官	在最高人民法院、地方各级人民法院和专门人民法院，依法行使国家审判权的人员
2-08-02（GBM 2-32）	检察官	在最高人民检察院、地方各级人民检察院和军事检察院等专门人民检察院，依法行使国家检察权的人员
2-08-03（GBM 2-33）	律师	受当事人委托或按照法律、法规执行律师职责或处理法律事务，向社会提供法律服务的执业人员
2-08-04（GBM 2-34）	公证员	在公证处依法办理公证事务和法律规定的其他事务的专业人员
2-08-05（GBM 2-35）	司法鉴定人员	依法对诉讼中涉及的专门问题进行检验、分析、鉴别和判断的技术人员
2-08-06（GBM 2-36）	书记员	在各级人民法院、检察院从事审判记录或有关审判辅助工作的人员
2-08-99（GBM 2-39）	其他法律专业人员	指未列入 2-08-01 至 2-08-06 的法律专业人员
2-09（GBM 2-4）	教学人员	从事各级各类教育教学工作的专业人员
2-09-01（GBM 2-41）	高等教育教师	在高等学校专门从事教育教学及科学研究工作的人员
2-09-02（GBM 2-42）	中等职业教育教师	在中等职业教育培训机构中专门从事教育教学工作的人员
2-09-03（GBM 2-43）	中学教师	在中学专门从事教育教学工作的人员
2-09-04（GBM 2-44）	小学教师	在小学专门从事教育教学工作的人员
2-09-05（GBM 2-45）	幼儿教师	在幼儿教育机构中专门从事幼儿教育工作的人员
2-09-06（GBM 2-46）	特殊教育教师	在各级各类学校中专门从事残疾儿童、残疾青少年和残疾成人教育教学工作的人员
2-09-99（GBM 2-49）	其他教学人员	指未列入 2-09-01 至 2-09-06 的教学人员
2-10（GBM 2-5）	文学艺术工作人员	从事文学艺术工作的专业人员
2-10-01（GBM 2-51）	文艺创作和评论人员	从事一种或几种艺术门类创作和评论的人员
2-10-02（GBM 2-52）	编导和音乐指挥人员	从事戏剧、影视导演和舞蹈编导及音乐指挥的人员
2-10-03（GBM 2-53）	演员	从事电影、戏剧、舞蹈、曲艺、杂技、歌唱艺术表演等的人员
2-10-04（GBM 2-54）	乐器演奏员	从事民族乐器和外国乐器等演奏的人员
2-10-05（GBM 2-55）	电影电视制作及舞台专业人员	从事电影、电视片拍摄、制作及发行，戏剧、文艺演出舞台效果处理，以及对戏剧、演出进行管理等的人员
2-10-06（GBM 2-56）	美术专业人员	从事造型艺术创作的专业人员
2-10-07（GBM 2-57）	工艺美术专业人员	从事工艺美术造型设计和构思的专业人员
2-10-99（GBM 2-59）	其他文学艺术工作人员	指未列入 2-10-01 至 2-10-07 的文学艺术工作人员
2-11（GBM 2-6）	体育工作人员	从事竞技体育运动员的培养、竞赛结果的裁定和运动项目训练、比赛的专业人员

续表

代码	职业名称	职业说明
2-11-01（GBM 2-60）	体育工作人员	从事竞技体育运动员的培养、竞赛结果的裁定和运动项目训练、比赛的专业人员
2-12（GBM 2-7）	新闻出版、文化工作人员	从事新闻采访报道、文图编辑校对、节目主持、播音和考古及文物保护等工作的专业人员
2-12-01（GBM 2-71）	记者	从事新闻采访和新闻报道的专业人员
2-12-02（GBM 2-72）	编辑	从事文稿、图片等的组织、修改和编排的专业人员
2-12-03（GBM 2-73）	校对员	从事图书、报纸、期刊等出版物原稿和校样核对工作的专业人员
2-12-04（GBM 2-74）	播音员及节目主持人	从事广播、电视播音及节目主持的专业人员
2-12-05（GBM 2-75）	翻译	从事外国与中国语言的文字互译或中国各民族语言文字互译的专业人员
2-12-06（GBM 2-76）	图书资料与档案业务人员	从事图书资料和档案的收集、整理、编目、保管、利用等服务的专业人员
2-12-07（GBM 2-77）	考古及文物保护专业人员	从事考古发掘及文物保护、保管、陈列和研究的专业人员
2-12-99（GBM 2-79）	其他新闻出版、文化工作人员	指未列入 2-12-01 至 2-12-07 的新闻出版、文化工作人员
2-13（GBM 2-8）	宗教职业者	专门从事佛教、道教、伊斯兰教、基督教等宗教活动的人员
2-99（GBM 2-9）	其他专业技术人员	指未列入 2-01 至 2-13 的专业技术人员

第三大类：办事人员和有关人员

代码	职业名称	职业说明
3-01（GBM 3-1）	行政办公人员	从事行政业务、行政事务工作的人员
3-01-01（GBM 3-11）	行政业务人员	在国家机关、党群组织机关、企业、事业单位中具体办理行政业务和从事行政执法工作的人员
3-01-02（GBM 3-12）	行政事务人员	使用办公设备，从事处理公文、信函、电话以及其他具体事务性工作的人员
3-01-99（GBM 3-19）	其他行政办公人员	指未列入 3-01-01 至 3-01-02 的行政办公人员
3-02（GBM 3-2）	安全保卫和消防工作人员	从事维护国家安全和社会治安秩序，保护公共和个人财产，防火、灭火等工作的人员
3-02-01（GBM 3-21）	人民警察	依法维护国家安全和社会治安秩序，保护公民合法权益和公共财产，预防、制止和惩治违法犯罪的警务人员
3-02-02（GBM 3-22）	治安保卫人员	在非公安部门中，对公共设施、人身或财产等目标施以安全保护的人员
3-02-03（GBM 3-23）	消防人员	从事消防安全管理和建筑物、构筑物、水上、森林及危险品等消防的人员
3-02-99（GBM 3-29）	其他安全保卫和消防人员	指未列入 3-02-01 至 3-02-03 的安全保卫和消防人员
3-03（GBM 3-3）	邮政和电信业务人员	从事邮政、电信及电信通信传输业务的人员

续表

代码	职业名称	职业说明
3-03-01（GBM 3-31）	邮政业务人员	从事邮政营业、邮件分拣封发、汇兑检查、投递、邮件运输、邮政储蓄、集邮、特快专递、报刊发行、邮政业务档案、电子信函业务和邮政设备维护等业务的人员
3-03-02（GBM 3-32）	电信业务人员	从事电信营业、话务、报务和电报投递的人员
3-03-03（GBM 3-33）	电信通信传输业务人员	从事电信通信传输业务的人员
3-03-99（GBM 3-99）	其他邮政和电信业务人员	指未列入 3-03-01 至 3-03-03 的邮政和电信业务人员
3-99（GBM 3-9）	其他办事人员和有关人员	指未列入 3-01 至 3-03 的办事人员和有关人员

第四大类：商业、服务业人员

代码	职业名称	职业说明
4-01（GBM 4-1）	购销人员	从事商品购销及提供相关服务的人员
4-01-01（GBM 4-11）	营业人员	从事商品销售、服务销售和提供相关服务的人员
4-01-02（GBM 4-12）	推销、展销人员	从事商品或服务推销、展销的人员
4-01-03（GBM 4-13）	采购人员	从事商品购进工作的人员
4-01-04（GBM 4-14）	拍卖、典当及租赁业务人员	从事物品鉴定估价、拍卖、典当及租赁业务的人员
4-01-05（GBM 4-15）	废旧物资回收利用人员	从事废旧物资回收、分类、挑选、加工等的人员
4-01-06（GBM 4-16）	粮油管理人员	从事粮油产量预测，指导农民种粮、储粮及进行相关工作的人员
4-01-07（GBM 4-17）	商品监督和市场管理人员	从事商品质量、标识、计量监督管理和市场管理的人员
4-01-99（GBM 4-19）	其他购销人员	指未列入 4-01-01 至 4-01-07 的购销人员
4-02（GBM 4-2）	仓储人员	从事货物的储存、保管、养护和办理商品运输业务的人员
4-02-01（GBM 4-21）	保管人员	对货物进行验收、保存、维护管理的人员
4-02-02（GBM 4-22）	储运人员	从事编制商品运输计划、商品托运、组配、接收、监卸及护运和赶运的人员
4-02-99（GBM 4-29）	其他仓储人员	指未列入 4-02-01 至 4-02-02 的仓储人员
4-03（GBM 4-3）	餐饮服务人员	在餐饮服务场所，为顾客提供餐饮服务的人员
4-03-01（GBM 4-31）	中餐烹饪人员	运用中国传统或现代的烹调方法，对食品原辅料进行加工，烹制成具有中国风味的菜肴、面点或小吃的人员
4-03-02（GBM 4-32）	西餐烹饪人员	运用西式传统或现代的烹调方法，对食品原辅料进行加工，烹制成具有西式风味的菜肴、糕点和面食的人员
4-03-03（GBM 4-33）	调酒和茶艺人员	从事酒水配制和茶水艺术冲泡的人员
4-03-04（GBM 4-34）	营养配餐人员	根据用餐人员的不同特点和要求，运用营养知识，配制符合营养要求的餐饮产品的人员
4-03-05（GBM 4-35）	餐厅服务人员	在餐饮服务场所，为顾客提供就餐及酒水服务，清洗保管餐具、橱具、酒具的人员
4-03-99（GBM 4-39）	其他餐饮服务人员	指未列入 4-03-01 至 4-03-05 的餐饮服务人员
4-04（GBM 4-4）	饭店、旅游及健身娱乐场所服务人员	为宾客提供住宿、游览观光、健身娱乐服务的人员

续表

代码	职业名称	职业说明
4-04-01（GBM 4-41）	饭店服务人员	在饭店、宾馆、旅店等地，为宾客提供前厅、客房服务的人员
4-04-02（GBM 4-42）	旅游及公共游览场所服务人员	在风景名胜、公园、影剧院、展览馆等旅游、游览场所为宾客提供服务的人员
4-04-03（GBM 4-43）	健身和娱乐场所服务人员	在健身和娱乐场所，为顾客提供健身、娱乐等技术指导、咨询及综合服务的人员
4-04-99（GBM 4-49）	其他饭店、旅游及健身娱乐场所服务人员	指未列入 4-01-01 至 4-04-03 的饭店、旅游及健身娱乐场所服务人员
4-05（GBM 4-5）	运输服务人员	从事公路、道路、铁路、航空及水上运输服务的人员
4-05-01（GBM 4-51）	公路道路运输服务人员	从事客、货运汽车运输服务、调度、收费、交通量调查及公路监控设备操作的人员
4-05-02（GBM 4-52）	铁路客货运输服务人员	从事编制、实施铁路客货运输、作业计划，组织、办理客货运输作业的人员
4-05-03（GBM 4-53）	航空运输服务人员	为民用航空器运送旅客、行李、货物和邮件提供有关空中及地面服务的人员
4-05-04（GBM 4-54）	水上运输服务人员	从事水上、港口客货船舶运输服务的人员
4-05-99（GBM 4-59）	其他运输服务人员	指未列入 4-05-01 至 4-05-04 的运输服务人员
4-06（GBM 4-6）	医疗卫生辅助服务人员	从事医疗临床、药房、卫生保健的辅助服务人员
4-06-01（GBM 4-60）	医疗卫生辅助服务人员	从事医疗临床、药房、卫生保健等医疗卫生辅助服务的人员
4-07（GBM 4-7 至 4-8）	社会服务和居民生活服务人员	从事中介等社会服务和物业管理等居民生活服务的人员
4-07-01（GBM 4-71）	社会中介服务人员	从事职业介绍和指导、事务代理、信息咨询等中介服务的人员
4-07-02（GBM 4-72）	物业管理人员	对投入使用的房屋建筑和附属配套设施及场地进行经营性管理，并向住用人提供多方面、综合有偿服务的人员
4-07-03（GBM 4-73）	供水、供热及生活燃料供应服务人员	从事水生产、净化、供应及城乡居民生活用的燃料加工、供应和供热等服务的人员
4-07-04（GBM 4-74）	美容美发人员	在专业理发或美发店、美容厅或美容室等场所，根据顾客的脸型、发质、皮肤特点和要求，运用美容、美发技术、器械和化妆品清洁、护理、保养皮肤，剪修头发，设计制作发型等的人员
4-07-05（GBM 4-75）	摄影服务人员	使用摄影、放大、冲印设备器材和感光材料，为顾客拍摄、整理、着色、放大冲印照片的人员
4-07-06（GBM 4-76）	验光配镜人员	使用验光仪器和专用工具等，检查眼睛屈光状态，确定眼睛光学屈光度，并对眼镜进行定配加工、调整、维修的人员
4-07-07（GBM 4-77）	洗染织补人员	使用设备和洗染、染色等原料，对衣物等进行洗涤、染色及织补、熨烫的人员

续表

代码	职业名称	职业说明
4-07-08（GBM 4-78）	浴池服务人员	使用器械或用具，清洁浴池、澡盆、浴巾等，为顾客提供修脚、搓澡等服务的人员
4-07-09（GBM 4-79）	印章刻字人员	使用刻刀和机具，刻制印章的人员
4-07-10（GBM 4-81）	日用机电产品维修人员	从事家用电子、电器产品，钟表，自行车，照相机等日用机电产品修理的人员
4-07-11（GBM 4-82）	办公设备维修人员	从事调试、检测、装配、维护、修理办公设备的人员
4-07-12（GBM 4-83）	保育、家庭服务人员	从事幼儿保育和家庭服务的人员
4-07-13（GBM 4-84）	环境卫生人员	从事公共区域垃圾清运、环境保洁的人员
4-07-14（GBM 4-85）	殡葬服务人员	从事殡仪服务、尸体火化、墓地管理等的人员
4-07-9（GBM 4-89）	其他社会服务和居民生活服务人员	指未列入 4-07-01 至 4-07-14 的社会服务和居民生活服务人员
4-99（GBM 4-9）	其他商业、服务人员	指未列入 4-01 至 4-07 的商业、服务业人员

第五大类：农、林、牧、渔、水利业生产人员

代码	职业名称	职业说明
5-01（GBM 5-1）	种植业生产人员	从事大田作物、园艺作物、热带作物、中药材等种植、管理、收获、贮运、和农副产品初加工的人员
5-01-01（GBM 5-11）	大田作物生产人员	从事粮、棉、油、糖、烟、麻等大田作物的土地耕作、种植、田间管理、收获、储藏和产品初加工的人员
5-01-02（GBM 5-12）	农业实验人员	对种养业产前、产中、产后及其环境因素进行化验、检验、测定的人员
5-01-03（GBM 5-13）	园艺作物生产人员	从事蔬菜、花卉、果树、茶树、桑树、柞树、食用菌等作物的种子、苗木繁殖，栽培、管理、收获、贮藏及初加工的人员
5-01-04（GBM 5-14）	热带作物生产人员	从事橡胶、剑麻等热带作物的育苗、栽培、管理、贮藏、加工的生产人员
5-01-05（GBM 5-15）	中药材生产人员	从事中药材的种植、养殖、采集、加工及其生产管理和资源保护的人员
5-01-06（GBM 5-16）	农副林特产品加工人员	从事棉花、茶叶、竹、藤、棕、草制品等农副林特产品加工的人员
5-01-99（GBM 5-19）	其他种植业生产人员	指未列入 5-01-01 至 5-01-06 的种植业生产人员
5-02（GBM 5-2）	林业生产及野生动物植物保护人员	从事造林营林，森林资源管护，木材采伐、运输及辅助作业以及野生动植物保护等作业的人员
5-02-01（GBM 5-21）	营造林人员	从事林木种苗、造林和更新、抚育采伐、营林试验等作业的人员
5-02-02（GBM 5-22）	森林资源管护人员	从事森林资源护林防火，防止乱砍滥伐等破坏森林资源行为，防治森林病虫害的作业人员
5-02-03（GBM 5-23）	野生动植物保护及自然保护区人员	从事野生动植物资源和自然保护区保护、管理、开发利用的作业人员
5-02-04（GBM 5-24）	木材采运人员	从事林木的采伐、造材、集材、装卸、运输等的人员

续表

代码	职业名称	职业说明
5-02-99（GBM 5-29）	其他林业生产及野生动植物保护人员	指未列入 5-02-01 至 5-02-04 的林业生产及野生动植物保护人员
5-03（GBM 5-3）	畜牧业生产人员	从事家畜、家禽、蜜蜂和特种畜禽等的饲养、繁殖、疫病防治及初级产品采集、加工和牧草生产的人员
5-03-01（GBM 5-31）	家畜饲养人员	从事猪、牛、羊、马、骆驼、兔、狗等家畜和特种畜类的饲养、放牧及进行皮、毛、奶等产品初加工的人员
5-03-02（GBM 5-32）	家禽饲养人员	从事鸡、鸭、鹅等家禽和鸵、雉等特种禽类饲养及其羽绒、皮、蛋产品初加工的人员
5-03-03（GBM 5-33）	蜜蜂饲养人员	从事蜜蜂饲养和蜂产品加工的人员
5-03-04（GBM 5-34）	实验动物饲养人员	从事实验动物饲养、繁殖、监测等的人员
5-03-05（GBM 5-35）	动物疫病防治人员	从事畜、禽、蜂和水生、野生等动物一般疫病防治的人员
5-03-06（GBM 5-36）	草业生产人员	从事草地建设、保护、监测，牧草及牧草种子繁育、栽培、收获、加工、检验作业的人员
5-03-99（GBM 5-39）	其他畜牧业生产人员	指未列入 5-03-01 至 5-03-06 的畜牧业生产人员
5-04（GBM 5-4）	渔业生产人员	从事鱼、虾、蟹、贝、藻及其他水生物植物的繁殖、饲养、栽培的人员
5-05（GBM 5-5）	水利设施管理养护人员	从事河道、水库、农田灌排等水利工程设施管理、养护的人员
5-05-01（GBM 5-51）	河道、水库营养人员	从事河道、水库等检查、维修、管理、养护的人员
5-05-02（GBM 5-52）	农田灌排工程建设管理维护人员	从事农田灌排工程施工、运行、管理和养护的人员
5-05-03（GBM 5-53）	水土保持作业人员	从事水土保持、防止水土流失的工作人员
5-05-04（GBM5-54）	水文勘测作业人员	使用水文勘测设备，进行水文测量、记录整理、测报的人员
5-05-99（GMB5-59）	其他水利设施管理养护人员	指未列入 5-05-01 至 5-05-04 的水利设施养护人员
5-99（GBM 5-9）	其他农、林、牧、渔、水利业生产人员	指未列入 5-01 至 5-05 的农、林、牧、渔、水利业生产人员
5-99-01（GBM 5-91）	农林专用机械操作人员	从事种植业、林业、畜牧业、渔业、农副产品加工业的动力机械、作业机械和运输机械操作的人员
5-99-02（GBM 5-92）	农村能源开发利用人员	从事农村沼气等能源资源开发、利用和在农村进行生活、生产节能工作的人员

第六大类：生产、运输设备操作人员及有关人员

代码	职业名称	职业说明
6-01（GBM 6-1）	勘测及矿物开采人员	从事矿产资源地质勘查、地形地貌测绘，以及露天、地下、海洋矿物开采和加工处理的人员
6-01-01（GBM 6-11）	地质勘查人员	从事地质、矿产资源勘查的人员
6-01-02（GBM 6-12）	测绘人员	从事地面点位测量和地表形态描绘的人员
6-01-03（GBM 6-13）	矿物开采人员	从事井下、露天矿物开采、运输的人员

续表

代码	职业名称	职业说明
6-01-04（GBM 6-14）	矿物处理人员	从事矿物加工和分选的人员
6-01-05（GBM 6-15）	钻井人员	从事井架安装、固井、平台水手、水下设备操作等的人员
6-01-06（GBM 6-16）	石油、天然气开采人员	从事石油、天然气测试、采集、脱水、净化、集输的人员
6-01-07（GBM 6-17）	盐业生产人员	从事海盐、湖盐、井矿盐开采、提炼、加工的人员
6-01-99（GBM 6-19）	其他勘测及矿物开采人员	指未列入 6-01-01 至 6-01-07 的勘测及矿物开采人员
6-02（GBM 6-2 至 6-3）	金属冶炼、轧制人员	将原矿及辅料冶炼成金属，轧制成金属材料的人员及辅助人员
6-02-01（GBM 6-21）	炼铁人员	操作烧结、球团焙烧、高炉系统设备，处理铁矿粉、矿石及辅料，冶炼生铁的人员
6-02-02（GBM 6-22）	炼钢人员	操作炼钢炉及附属设备，将铁水、废钢等原料冶炼成钢，并浇铸成钢锭、钢坯的人员
6-02-03（GBM 6-23）	铁合金冶炼人员	操作冶炼设备及辅助设备，进行硅、锰、铬、钒等原料处理，冶炼、制取铁合金的人员
6-02-04（GBM 6-24）	重有色金属冶炼人员	操作冶炼、提取等设备，从重有色金属物料中精炼、提取重有色金属的人员
6-02-05（GBM 6-25）	轻有色金属冶炼人员	操作烧结、溶出、电解等设备，将铝土矿、镁矿石冶炼成铝、镁等轻金属的人员
6-02-06（GBM 6-26）	稀贵金属冶炼人员	操作烧结、溶出、电解等设备，将铝土矿、镁矿石冶炼成铝、镁等轻金属的人员
6-02-01（GBM 6-27）	半导体材料制备人员	从事多晶、单晶半导体原材料制备、制取的人员
6-02-02（GBM 6-28）	金属轧制人员	操作轧制、拉拔等设备，对金属锭、坯进行轧制、拉拔、挤压及处理加工的人员
6-02-03（GBM 6-29）	铸铁管人员	操作连续、离心铸管系统设备，将铁水浇铸成铸铁管的人员
6-02-04（GBM 6-31）	碳素制品生产人员	将焦炭、煤、沥青等原料制成碳素制品的人员
6-02-05（GBM 6-32）	硬质合金生产人员	操作硬质合金专用设备，用难熔金属化合物和黏结金属粉末，制取合金制品的人员
6-02-06（GBM 6-39）	其他金属冶炼、轧制人员	指未列入 6-02-01 至 6-02-11 的金属冶炼、轧制人员
6-03（GBM 6-4 至 6-5）	化工产品生产人员	运用化学、物理方法改变物质性质、结构、成分、形态等进行化工和石油产品生产的人员
6-03-01（GBM 6-41）	化工产品生产通用工艺人员	从事化工产品原料准备，以及生产过程中进行气体压缩、气体净化、粉碎、过滤、加热、制冷、蒸发、蒸馏、萃取、吸收、吸附、干燥、结晶等单元操作及其他化工通用工艺的人员
6-03-02（GBM 6-42）	石油炼制生产人员	从事原油分馏，生产汽油、煤油、柴油、润滑油、润滑脂等石油产品的人员
6-03-03（GBM 6-43）	煤化工生产人员	从事炼焦及煤制气生产的人员
6-03-04（GBM 6-44）	化学肥料生产人员	从事氮肥、磷肥、钾肥和其他化学肥料生产的人员
6-03-05（GBM 6-45）	无机化工产品生产人员	从事酸、碱、无机盐、工业气体等化工产品生产的人员

续表

代码	职业名称	职业说明
6-03-06（GBM 6-46）	基本有机化学品生产人员	将煤、石油、天然气等进行阶段加工生产烃类及烃类衍生物的人员
6-03-07（GBM 6-47）	合成树脂生产人员	从事烃类单体或衍生物的自聚、共聚、缩合，生成聚烯烃树脂、环氧树脂和酚醛树脂等合成树脂产品的人员
6-03-08（GBM 6-48）	合成橡胶生产人员	对烃类单体和烃类衍生物进行聚合生产高弹性的高分子化合物的人员
6-03-09（GBM 6-49）	化学纤维生产人员	以天然的或合成的高分子化合物为原料，经化学方法加工和物理方法成型，生成合成纤维和人造纤维的人员
6-03-10（GBM 6-51）	合成革生产人员	使用尼龙-6、聚苯乙烯、聚氨酯等原料，进行纺丝、成网、针刺、原布加工、涂敷、抽出、后处理、印刷、压花、检验的人员
6-03-11（GBM 6-52）	精细化工产品生产人员	从事农药、染料及中间体、涂料、颜料、催化剂、溶剂、试剂、添加剂、表面活性剂等产品生产的人员
6-03-12（GBM 6-53）	信息记录材料生产人员	从事感光材料、磁记录材料等信息记录材料生产的人员
6-03-13（GBM 6-54）	火药制造人员	使用专用设备、仪器、仪表和专用工装，进行发射药、黑火药、混合火药和其他火药制造的人员
6-03-14（GBM 6-54）	炸药制造人员	使用专用设备、仪器、仪表和工装设备，进行单质炸药、混合炸药、起爆药、含水炸药制造的人员
6-03-15（GBM 6-55）	林产化工产品生产人员	从事松香、栲胶、紫胶、松节油、活性炭、木材水解、栓皮制品及其再加工产品生产的人员
6-03-16（GBM 6-56）	复合材料加工人员	从事以树脂、碳织物、硅酸盐、金属为基本结构的复合材料的研制、试验、加工和性能检测的人员
6-03-17（GBM 6-57）	日用化学品生产人员	从事肥皂、合成洗涤剂、香精、香料、化妆器等日用化学品生产的人员
6-03-99（GBM 6-59）	其他化工产品生产人员	指未列入 6-03-01 至 6-03-17 的化工产品生产人员
6-04（GBM 6-6）	机械制造加工人员	从事机械冷加工、机械热加工、表面处理等机械制造加工的人员
6-4-01（GBM 6-61）	机械冷加工人员	操作金属切削机床等机械设备，使用刃具、量具、卡具、夹具等工艺装备，对工件进行车、铣、磨、刨、镗、钻等切削加工的人员
6-4-02（GBM 6-62）	机械热加工人员	从事铸造、锻压、冲压、剪切、焊接、热处理、粉末冶金等加工的人员
6-4-03（GBM 6-63）	特种加工设备操作人员	操作电加工机床，电子束、离子束加工设备，激光加工设备等特种加工设备进行零件切削加工的人员
6-4-04（GBM 6-64）	冷作钣金加工人员	对金属板材进行冷、热态成型和铆接加工的人员
6-4-05（GBM 6-65）	工件表面处理加工人员	操作专用机械设备，进行工件表面处理和涂装加工的人员
6-4-06（GBM 6-66）	磨料磨具制造加工人员	操作磨料、磨具制造加工设备，进行磨料制造及磨具成型加工的人员
6-05（GBM 6-7 至 6-9）	机电产品装配人员	操作机械设备或使用装配工装、手工工具，进行机电产品装配与调试的人员

续表

代码	职业名称	职业说明
6-05-09（GBM 6-79）	医疗器械装配及假肢与矫形器制作人员	从事医疗器械装配的人员和为肢体残疾者或躯体发生变形者制作、适配人工假体和矫形器等的人员
6-05-10（GBM 6-81）	日用机械电器制造装配人员	从事日用机械电器部件、整机装配、调试和检测的人员
6-05-11（GBM 6-82）	五金制品制作装配人员	从事工具五金、建筑五金、日用五金制品的制作、装配、调整、测试的人员
6-05-12（GBM 6-83）	装甲车辆装试人员	从事装甲车辆部件和整机的装配、调整、试验、检验的人员
6-05-13（GBM 6-84）	枪炮制造人员	从事枪炮专用零件及其部件和整机的装配、调整、试验和检验工作的人员
6-05-14（GBM 6-85）	弹药制造人员	从事火箭、导弹、航弹、炮弹、枪弹装配和装药的人员
6-05-15（GBM 6-86）	引信加工制造人员	从事引信压药件、部件和整机的装配、试验和检验工作的人员
6-05-16（GBM 6-87）	火工品制造人员	从事军用、民用火工品及爆破器材制造的人员
6-05-17（GBM 6-88）	防化器材制造人员	从事防化器材的滤毒材料、橡胶制品、塑料件、金属件的制造、装配与性能试验的人员
6-05-18（GBM 6-89）	船舶制造人员	从事船体、舾装件、船舶附件、船模的制造和船舶机械、电气设备的安装、调试的人员
6-05-19（GBM 6-91）	航空产品装配与调试人员	从事航空发动机、机载导弹、飞机螺旋桨、飞机发动机附件、飞机电气安装调试及飞机总装配的人员
6-05-20（GBM 6-92）	航空产品试验人员	从事航空发动机、机载导弹、飞机螺旋桨、飞机发动机附件、飞机电气试验及飞机试验的人员
6-05-21（GBM 6-93）	导弹卫星装配测试人员	使用精密仪器、仪表、专用设备，进行导弹、运载火箭、卫星的部段装配、总装配、综合检测、试验的人员
6-05-22（GBM 6-94）	火箭发动机装配试验人员	从事液体火箭和固体火箭发动机壳体、喷管、连接件、点火系统、能源系统和控制系统等总装齐套、装配、调试、检测和数据处理的人员
6-05-23（GBM 6-95）	航天器结构强度温度环境试验人员	对运载火箭、导弹、卫星及其部件在模拟太空飞行、临战时的载荷、高低温、真空、失重、温湿度、核爆炸与高速碰撞等条件与环境下，进行强度试验和环境试验的人员
6-05-24（GBM 6-96）	靶场试验人员	从事枪、炮、弹、引信、火工品、爆破器材、火炸药的技术参数测试和性能检验的人员
6-05-99（GBM 6-91）	其他机电产品装配人员	指未列入 6-05-01 至 6-05-24 的机电产品装配人员
6-06（GBM 7-1）	机械设备修理人员	机械设备修理人员从事机械设备、运输车辆、仪器仪表、航空设备等维护保养、修理的人员
6-06-01（GBM 7-11）	机械设备维修人员	使用工具及辅助设备进行机械设备、内燃机、运输车辆维护保养、修理的人员
6-06-02（GBM 7-12）	仪器仪表修理人员	使用工具、量具、仪器仪表及工艺装备，进行力学、电子、光学、光电、分析测绘、医疗保健、工业自动化和电工仪器仪表等安装、调试与修理的人员

续表

代码	职业名称	职业说明
6-06-03（GBM 7-13）	民用航空器维修人员	从事民用航空器或民用航空器部件维护、翻修、修理、检查、更换、改装或排除故障的人员
6-06-99（GBM 7-19）	其他机械设备修理人员	指未列入 6-06-03-01 至 6-06-03-02 的民用航空器维修人员
6-07（GBM 7-2）	电力设备安装、运行、检修及供电人员	电力设备安装、运行、检修及供用电设备及生活、生产电力设备的安装、运行、检修、管理等的人员
6-07-01（GBM 7-21）	电力设备安装人员	从事水电、火电等发电设备和输电、配电、变电、用电等供电设备及其他电力设备安装、调试的人员
6-07-02（GBM 7-22）	发电运行值班人员	操作发电机组及附属设备，监视、控制其运行的人员
6-07-03（GBM 7-23）	输电、配电、变电设备值班人员	从事输电、配电、变电设备巡视、维护、控制、操作和管理的人员
6-07-04（GBM 7-24）	电力设备检修人员	从事发电、输电、配电、变电、用电等设备检修、测试、调整工作的人员
6-07-05（GBM 7-25）	供用电人员	从事供用电营业的人员
6-07-06（GBM 7-26）	生活生产电力设备安装、操作、修理人员	从事生活、生产电力设备的安装、操作及修理的人员
6-07-99（GBM 7-29）	其他电力设备安装、运行、检修及供电人员	指未列入 6-07-01 至 6-07-06 的电力设备安装、运行、检修及供电人员
6-08（GBM 7-3）	电子元器件与设备制造、装配调试及维修人员	从事电子元器件、印制电路、电池与电子设备的制造、装配、调试和维修的人员
6-08-01（GBM 7-31）	电子器件制造人员	从事真空电子器件、半导体分立器件、集成电路和液晶显示器件制造、装配、调试的人员
6-08-02（GBM 7-32）	电子元件制造人员	使用设备对阻容元件、电声器件、压电晶体和器件、控制元件、磁记录元件以及印制电路等进行制造、装配和调试的人员
6-08-03（GBM 7-33）	电池制造人员	使用设备制造、装配蓄电池、原电池、储备电池及太阳电池等的人员
6-08-04（GBM 7-34）	电子设备装配调试人员	从事电子计算机、通信、传输和信息处理设备，广播视听设备，雷达，自动控制设备和电子仪器仪表装配、调试的人员
6-08-05（GBM 7-35）	电子产品维修人员	使用测试仪器、仪表和工具，修理电子计算机（微机）、计算机外部设备和其他电子产品以及仪器、仪表等的人员
6-08-99（GBM 7-39）	其他电子元器件与设备制造、装配调试及维修人员	指未列入 6-08-01 至 6-08-05 的电子元器件与设备制造、装配调试及维修人员
6-09（GBM 7-4）	橡胶和塑料制品生产人员	从事橡胶、塑料产品生产、加工的人员
6-09-01（GBM 7-41）	橡胶制品生产人员	从事天然橡胶和合成橡胶制品生产的人员
6-09-02（GBM 7-42）	塑料制品加工人员	从事塑料制品原料配制、成型制作的人员
6-09-99（GBM 7-49）	其他橡胶和塑料制品生产人员	指未列入 6-09-01 至 6-09-02 的塑料制品加工人员

续表

代码	职业名称	职业说明
6-10（GBM 7-5）	纺织、针织、印染人员	从事棉、毛、麻、丝等天然纤维和化学纤维的预处理及纺织、针织、印染产品生产的人员
6-10-01（GBM 7-51）	纤维预处理人员	将棉、毛、麻、丝等天然纤维和化学纤维进行机械加工或化学处理制成纺织纤维的人员
6-10-02（GBM 7-52）	纺纱人员	操作纺纱设备，将纤维原料加工成纱、线的人员
6-10-03（GBM 7-53）	织造人员	从事织物所需经、纬纱线的准备，织物织造、整理的人员
6-10-04（GBM 7-54）	针织人员	操作纬编、经编、织袜等设备，进行针织品编织的人员
6-10-05（GBM 7-55）	印染人员	从事纱、线、丝、织物等纺织品的炼漂、染色、印花及后整理的人员
6-10-99（GBM 7-59）	其他纺织、针织、印染人员	指未列入6-10-01至6-10-05的纺织、针织、印染人员
6-11（GBM 7-6）	裁剪缝纫和皮革、毛皮制品加工制作人员	从事服装、鞋帽、装饰品等缝纫制品的量裁、打样、缝制及皮革加工和皮革、合成革制品制作的人员
6-11-01（GBM 7-61）	裁剪缝纫人员	从事服装等缝纫制品的划样、裁剪、缝纫、整烫等的人员
6-11-02（GBM 7-62）	鞋帽制作人员	将纺织品、皮革等材料制作成鞋、帽的人员
6-11-03（GBM 7-63）	皮革、毛皮加工人员	从事动物原皮、毛皮制作加工的人员
6-11-04（GBM 7-64）	缝纫制品再加工人员	从事缝纫制品充填处理、胶制服装上胶、服装水洗等再加工处理的人员
6-11-99（GBM 7-69）	其他裁剪缝纫和皮革、毛皮制品加工制作人员	指未列入6-11-01至6-11-03的裁剪缝纫和皮革、毛皮制品加工制作人员
6-12（GBM 7-7）	粮油、食品、饮料生产加工及饲料生产加工人员	从事粮、油、乳、肉蛋、糖及饮料生产加工以及饲料生产加工的人员
6-12-01（GBM 7-71）	粮油生产加工人员	操作粮油加工机械及辅助设备，将稻谷、小麦、玉米、大豆、油菜籽等加工成成品粮油的人员
6-12-02（GBM 7-72）	制糖和糖制品加工人员	从事食糖和糖果、巧克力等糖制品加工的人员
6-12-03（GBM 7-73）	乳品、冷食品及罐头、饮料制作人员	从事乳品预处理、加工，冷食品、速冻食品及食品罐头、饮料加工制作的人员
6-12-04（GBM 7-74）	酿酒人员	从事白酒、啤酒等酒类酿造的人员
6-12-05（GBM 7-74）	食品添加剂及调味品制作人员	从事酶制剂、柠檬酸等食品添加剂及酱油、味精等食用调味器生产的人员
6-12-06（GBM 7-75）	粮油食品制作人员	以粮食、油脂等原料，通过不同加工工艺和设备，生产粮油食品的人员
6-12-07（GBM 7-76）	屠宰加工人员	从事畜禽屠宰、加工、分割及副产品整理等的人员
6-12-08（GBM 7-77）	肉、蛋食品加工人员	以肉类和鲜蛋为主要原料，生产肉、蛋食品的人员
6-12-09（GBM 7-78）	饲料生产加工人员	饲料原料清理、粉碎、配料、制粒等
6-12-99（GBM 7-79）	其他粮油、食品、饮料生产加工及饲料生产加工人员	指未列入6-12-01至6-12-09的粮油、食品、饮料加工及饲料生产加工人员
6-13（GBM 7-8）	烟草及其制品加工人员	从事原烟复烤、卷烟生产和滤棒制作的人员
6-13-01（GBM 7-81）	原烟复烤人员	从事原烟调制、分级、复烤加工的人员
6-13-02（GBM 7-82）	卷烟生产人员	从事卷烟制丝、卷接的生产人员

续表

代码	职业名称	职业说明
6-13-03（GBM 7-83）	烟用醋酸纤维丝束滤棒制作人员	从事烟用二醋酸纤维素片、烟用醋酸纤维丝束、烟用滤嘴棒制造的人员
6-13-99（GBM 7-89）	其他烟草及其制品加工人员	指未列入 6-13-01 至 6-13-03 的烟草及其制品加工人员
6-14（GBM 7-9）	药品生产人员	从事药物原料、药物制剂、中药、兽用药品生产的人员
6-14-01（GBM 7-91）	合成药物制造人员	从事化学合成药物制造的人员
6-14-02（GBM 7-92）	生物技术制药（品）人员	从事抗生素、生化药品、疫苗、血液制品生产的人员
6-14-03（GBM 7-93）	药物制剂人员	将原料药制成医疗、诊断、预防制剂的人员
6-14-04（GBM 7-94）	中药制药人员	从事中药饮片和中成药生产制造的人员
6-14-99（GBM 7-99）	其他药品生产人员	指未列入 6-14-01 至 6-14-04 的药品生产人员
6-15（GBM 8-1）	木材加工、人造板生产及木材制品制作人员	从事制材，木材干燥、刨切，装饰层压板，人造板和人造板饰面生产以及木材制品制作的人员
6-15-01（GBM 8-11）	木材加工人员	从事制材、木材干燥作业的人员
6-15-02（GBM 8-12）	人造板生产人员	从事木材刨切、装饰层压板、木质人造板和木质人造板饰面等生产的人员
6-15-03（GBM 8-13）	木材制品制作人员	使用木材等材料，制作家具、加工木材和木制品的人员
6-15-99（GBM 8-19）	其他木材加工、人造板生产及木材制品制作人员	指未列入 6-15-01 至 6-15-03 的木材制品制作人员
6-16（GBM 8-1）	制浆、造纸和纸制品生产加工人员	从事制浆及纸、纸板和纸制品生产加工的人员
6-16-01（GBM 8-14）	制浆人员	使用木材、棉短绒、草类等植物纤维原料，进行纸浆等制浆生产的人员
6-16-02（GBM 8-15）	造纸人员	使用纸浆生产纸及纸板的人员
6-16-03（GBM 8-16）	纸制品制作人员	使用纸和纸板加工成纸制品的人员
6-16-99（GBM 8-19）	其他制浆、造纸和纸制品生产加工人员	指未列入 6-16-01 至 6-16-03 的制浆、造纸和纸制品生产加工人员
6-17（GBM 8-2）	建筑材料生产加工人员	从事建筑材料、非金属矿及其制品生产加工的人员
6-17-01（GBM 8-21）	水泥及水泥制品生产加工人员	从事水泥、石灰及水泥制品生产加工的人员
6-17-02（GBM 8-22）	墙体屋面材料生产人员	从事墙体、屋顶及屋面材料生产的人员
6-17-03（GBM 8-23）	建筑防水密封材料生产人员	从事建筑物防水及密封材料生产的人员
6-17-04（GBM 8-24）	建筑保温及吸音材料生产人员	从事建筑保温毡、套管、板及吸音板等特殊材料生产的人员
6-17-05（GBM 8-25）	装饰石材生产人员	从事大理石、花岗石及水磨石等装饰石材生产的人员
6-17-06（GBM 8-26）	非金属矿及其制品生产加工人员	从事石棉、云母、石膏、滑石等非金属矿及其制品加工的人员
6-17-07（GBM 8-27）	耐火材料生产人员	从事窑炉等热工设备用耐火材料生产的人员
6-17-99（GBM 8-29）	其他建筑材料生产加工人员	指未列入 6-17-01 至 6-17-07 的建筑材料生产加工人员

续表

代码	职业名称	职业说明
6-18（GBM 8-3）	玻璃、陶瓷、搪瓷及其制品生产加工人员	从事玻璃生产加工以及陶瓷、搪瓷等制品生产的人员
6-18-01（GBM 8-31）	玻璃熔制人员	从事玻璃生产加工的人员
6-18-02（GBM 8-32）	玻璃纤维及制品生产人员	从事玻璃纤维的拉制及玻璃纤维制品生产的人员
6-18-03（GBM 8-33）	石英玻璃制品加工人员	从事石英玻璃及其制品加工和制作的人员
6-18-04（GBM 8-34）	陶瓷制品生产人员	从事陶瓷制品生产加工的人员
6-18-05（GBM 8-35）	搪瓷制品生产人员	从事搪瓷制品生产加工的人员
6-18-99（GBM 8-39）	其他玻璃、陶瓷、搪瓷及其制品生产加工人员	指未列入6-18-01至6-18-05的玻璃、陶瓷、搪瓷及其制品生产加工人员
6-19（GBM 8-4）	广播影视制品制作、播放及文物保护作业人员	从事广播、电影、电视、音像等制品的生产与制作，播放以及安装、调试、操作广播影视音像专用设备及文物保护作业的人员
6-19-01（GBM 8-41）	影视制品制作人员	影视置景、服装、动画制作、木偶制作、洗印等
6-19-02（GBM 8-42）	音像制品制作复制人员	从事模拟和数字唱片、盒式录音带、录像带、光盘等音像制品制作及复制的人员
6-19-03（GBM 8-43）	广播影视舞台设备安装调试及运行操作人员	从事影视照明设备、摄影机械、录音机械的设备调试、检修、运行操作，广播电视的天线业务和有线广播的机务、线务等业务的人员
6-19-04（GBM 8-44）	电影放映人员	从事电影放映、检片、涂磁录音、字幕印字的人员
6-19-05（GBM 8-45）	文物保护作业人员	从事考古发掘、文物保护、修复、复制、拓印作业的人员
6-19-99（GBM 8-49）	其他广播影视制品制作、播放及文物保护作业人员	指未列入6-19-01至6-19-05的广播影视制品制作、播放及文物保护作业人员
6-20（GBM 8-5）	印刷人员	从事印前处理、印刷操作及印后制作等印刷工作的人员
6-20-01（GBM 8-51）	印前处理人员	使用印刷制版等设备或手工进行文图制作，文图制版，文图合一制版的人员
6-20-02（GBM 8-52）	印刷操作人员	使用印版或其他方式将印版上的文图住处或电子信息转移到承印物上的人员
6-20-03（GBM 8-53）	印后制作人员	使用装订设备或手工将印刷品装订成册、整饰加工的人员
6-20-99（GBM 8-59）	其他印刷人员	指未列入6-20-01至6-20-03的印刷人员
6-21（GBM 8-6）	工艺、美术品制人员	从事美术品、工艺美术品生产制作的人员
6-21-01（GBM 8-61）	珠宝首饰加工制作人员	从事贵金属首饰摆件制作、珠宝镶嵌以及宝石琢磨的人员
6-21-02（GBM 8-62）	地毯制作人员	使用机器或手工将纤维制成地毯的人员
6-21-03（GBM 8-63）	玩具制作人员	从事金属、塑料、木制、布绒、搪塑等玩具制作的人员
6-21-04（GBM 8-64）	漆器工艺品制作人员	使用漆料、木、麻、布等材料进行制胎、髹饰成型，经过雕、绘制成漆器工艺品的人员
6-21-05（GBM 8-65）	抽纱刺绣工艺品制作人员	从事手工绷架、机制刺绣工艺品的刺绣，抽纱挑编加工的人员
6-21-06（GBM 8-66）	金属工艺品制作人员	使用专用设备将金属材料制成金属工艺品的人员
6-21-07（GBM 8-67）	雕刻工艺品制作人员	对玉石、骨、角等原材料进行雕刻艺术加工的人员

续表

代码	职业名称	职业说明
6-21-08（GBM 8-68）	美术品制作人员	使用专用工具、器械、材料，按照设计要求制作美术品的人员
6-21-99（GBM 8-69）	其他工艺、美术品制作人员	指未列入 6-21-01 至 6-21-08 的工艺、美术品制作人员
6-22（GBM 8-7）	文化教育、体育用品制作人员	从事制笔和办公用品、文教用品、体育用品装配制作的人员
6-22-01（GBM 8-71）	文教用品制作人员	从事墨、笔等办公文教用品制作的人员
6-22-02（GBM 8-72）	体育用品制作人员	从事球类、球拍、球架、健身器材等体育用品制作的人员
6-22-03（GBM 8-73）	乐器制作人员	从事乐器制作、装配、调整、测试、定律的人员
6-22-99（GBM 8-79）	其他文化教育、体育用品制作人员	指未列入 6-22-01 至 6-22-03 的文化教育、体育用品制作人员
6-23（GBM 8-8 至 8-9）	工程施工人员	从事工业与民用建筑、道路、桥梁、隧道等工程施工的人员及有关人员
6-23-01（GBM 8-81）	土石方施工人员	使用机具或手工，对土、石、堆积物等进行凿、挖、填、运等施工的人员
6-23-02（GBM 8-82）	砌筑人员	使用机具或手工，将砌块砌筑成各种形状砌体的人员
6-23-03（GBM 8-83）	混凝土配制及制品加工人员	使用机械设备配制、烧筑混凝土及混凝土制品加工的人员
6-23-04（GBM 8-84）	钢筋加工人员	从事钢筋除锈、校直、焊接、切断等处理，并加工成型的人员
6-23-05（GBM 8-85）	施工架子搭设人员	从事施工架子的搭设、维护和拆除的人员
6-23-06（GBM 8-86）	工程防水人员	使用工具或机具，加工防水材料并涂刷、摊铺到建筑物、构筑物的防水部位或建造防渗墙及桩柱，进行工程防水的人员
6-23-07（GBM 8-87）	装饰装修人员	使用工具、机具或手工，按设计要求对建筑物（古建筑除外）、构筑物及飞机、车、船等表面及内部空间进行装饰装修施工的人员
6-23-08（GBM 8-88）	古建筑修建人员	采用传统工艺，对建筑物、构件、墙体等部位进行仿古施工、制作、复制原形及古建筑维护、修复，并对古建筑、仿古建筑进行装饰施工的人员
6-23-09（GBM 8-89）	筑路、养护、维修人员	使用机械设备，进行路基、路面、桥梁、隧道及附属设施施工、维修、养护的人员
6-23-10（GBM 8-91）	工程设备安装人员	使用工具、机具、检测仪器，进行工程设备、构件安装、调试、维修的人员
6-23-99（GBM 8-99）	其他工程施工人员	指未列入 6-23-01 至 6-23-10 的工程施工人员
6-24（GBM 9-1）	运输设备操作人员及有关人员	从事公路、铁路、航空、水上运输机械及辅助设备操作的人员
6-24-01（GBM 9-11）	公（道）路运输机械设备操作及有关人员	从事客、货运输与驾驶的人员及辅助人员

续表

代码	职业名称	职业说明
6-24-02（GBM 9-12）	铁路、地铁运输机械设备操作及有关人员	从事铁路、地铁运输机械设备的操作、运用、维修的人员
6-24-03（GBM 9-13）	民用航空设备操作及有关人员	使用并操作民用航空专用设备及其附属通用设备，为飞行安全和航空运输提供服务或利用民用航空器提供航空摄影、航空遥感及其图像资料、航空物探、航空目视调查等的人员
6-24-04（GBM 9-14）	水上运输设备操作及有关人员	从事水上运输船舶航行及港口、码头、航道和航务施工作业的人员
6-24-05（GBM 9-15）	起重装卸机械操作及有关人员	从事起重机、输送机、装卸机及闸门、索道操作运行的人员
6-24-99（GBM 9-19）	其他运输设备操作人员及有关人员	指未列入6-24-01至6-24-05的运输设备操作人员及有关人员
6-25（GBM 9-2）	环境监测与废物处理人员	从事水、大气、土壤、海洋、生物、振动噪声、固体废物、环境辐射等环境质量监测和对废水、废气、固体废物进行处理的人员
6-25-01（GBM 9-21）	环境监测人员	从事水、大气、土壤、生物、振动噪声、固体废物、环境辐射等环境质量监测和污染源排放监测的人员
6-25-02（GBM 9-22）	海洋环境调查与监测人员	从事海洋环境调查与监测、海洋浮标的收放、海洋水文气象观测、填图、资料接收等业务的人员
6-25-03（GBM 9-23）	废物处理人员	从事废水、废气、固体废物等处理的人员
6-25-99（GBM 9-29）	其他环境监测与废物处理人员	指未列入6-25-01至6-25-03的环境监测与废物处理人员
6-26（GBM 9-3）	检验、计量人员	从事产品或商品质量检验、计量工作的人员
6-26-01（GBM 9-31）	检验人员	从事产品或商品的成品、半成品、原材料、在制品、中间产品、外购件及包装材料质量的检验、检测、检查、鉴定、测试、测定、装试、装校、试验、实验、化验、抽验、抽查、验收、验配、分类、分级、分析、分测探伤、鉴别、监督、监测等工作的人员
6-26-02（GBM 9-32）	航空产品检验人员	从事航空发动机、机载导弹、飞机螺旋桨、飞机发动机附件、飞机电气检验及飞机检验的人员
6-26-03（GBM 9-33）	航天器检验测试人员	从事航天器的验收、测试、试验，材料性能测试和无损检测的人员
6-26-04（GBM 9-34）	计量人员	从事计量器具的计量检定、检查、检测、电测、测量、校准、校验、维修、修理以及检斤、计斤、司磅的人员
6-26-99（GBM 9-39）	其他检验、计量人员	指未列入6-26-01至6-26-04的检验、计量人员
6-99（GBM 9-9）	其他生产、运输设备操作人员及有关人员	指未列入6-01至6-26的生产运输设备操作人员及有关人员
6-99-01（GBM 9-91）	包装人员	使用金属或非金属包装材料进行物体包装的人员
6-99-02（GBM 9-92）	机泵操作人员	操作机泵、排输水及其他物体的人员
6-99-03-00	简单体力劳动人员	从事人力搬运、装卸、运输和勤杂等简单体力劳动的人员

第七大类：军人

代码	职业名称	职业说明
7（GBM X）	军人	
	军队师级以上军官	
	军队团营级军官	
	军队连排级军官	
	军队士兵、班长	
	其他军人	

第八大类：不便分类的其他从业人员

代码	职业名称	职业说明
8（GBM Y）	不便分类的其他劳动者	
	自由职业者	
	打零工且职业类型不稳定者	
	家庭主妇和其他在家做家务的人	
	正在寻找职业者（包括下岗无职业者）	
	因生理疾病原因而无工作能力的人	
	无职业也不寻找职业者	
	靠不动产赢利谋生者（如出租、转租房屋或土地）	

参考文献

[1] 张博. 职业生涯规划与管理 [M]. 北京：中国电力出版社，2014.

[2] 马莉莉. 当代大学生职业生涯规划 [M]. 长春：吉林大学出版社，2015.

[3] 罗伯特·里尔登. 职业生涯发展与规划 [M]. 北京：中国人民大学出版社，2016.

[4] 杜耿. 重塑职业生涯规划：个性、生活与职业 [M]. 北京：人民邮电出版社，2013.

[5] 王磊. 职场走直线——职业生涯规划与管理 [M]. 北京：人民邮电出版社，2012.

[6] 阮学勇，任迎虹，侯济民. 大学生职业发展与就业指导 [M]. 武汉：武汉大学出版社，2014.

[7] 王丽，朱宝忠. 大学生职业生涯规划训练手册 [M]. 北京：北京理工大学出版社，2014.

[8] 金树人. 生涯咨询与辅导 [M]. 北京：高等教育出版社，2016.

[9] 钟谷兰，杨开. 大学生职业生涯发展与规划 [M]. 北京：华东师范大学出版社，2008.

[10] 阚雅玲，吴强，胡伟. 职业规划与成功素质训练 [M]. 北京：机械工业出版社，2009.

[11] 吴芝仪. 我的生涯手册 [M]. 北京：经济日报出版社，2008.

[12] 袁庆宏，付美云，陈文春. 职业生涯管理 [M]. 北京：科学出版社，2009.

[13] 葛玉辉，宋志强. 生涯咨询规划管理实务 [M]. 北京：清华大学出版社，2011.

[14] 方艳溪，乐建盛. 大学生职业教育生涯发展与规划 [M]. 吉林：吉林大学出版社，2016.

[15] 焦金雷. 大学生职业生涯与发展规划 [M]. 西安：西安交通大学出版社，2017.

[16] 保罗·D·蒂戈尔，巴巴拉·巴伦-蒂戈尔. 就业宝典 [M]. 李楠，译. 北京：中信出版社，2002.

参考文献